KB200427

당신의 친구는 안녕한가

당신의 친구는 안녕한가

지은이 | 김기석
초판 발행 | 2023. 5. 17
4 쇄 발행 | 2025. 3. 4
등록번호 | 제 1988-000080 호
등록된 곳 | 서울특별시 용산구 서빙고로 65 길 38
발행처 | 사단법인 두란노서원
영업부 | 2078-3333 FAX | 080-749-3705
출판부 | 2078-3331

책값은 뒤표지에 있습니다.
ISBN 978-89-531-4474-3 03230

독자의 의견을 기다립니다.
tpress@duranno.com www.duranno.com

- 본문에 인용한 성경 본문은 대한성서공회에서 펴낸 새번역판을 따랐습니다.
- 본문에 * 표시는 책 속 우리말 사전에 설명되어 있습니다.

두란노서원은 바울 사도가 3 차 전도여행 때 에베소에서 성령 받은 제자들을 따로 세워 하나님의 말씀으로 양육하던 장소입니다. 사도행전 19 장 8-20절의 정신에 따라 첫째 목회자를 돕는 사역과 평신도를 훈련시키는 사역, 둘째 세계선교(TIM) 와 문서선교(단행본·잡지) 사역, 셋째 예수문화 및 경배와 찬양 사역, 그리고 가정 · 상담 사역 등을 감당하고 있습니다. 1980년 12월 22일에 창립된 두란노서원은 주님 오실 때까지 이 사역들을 계속할 것입니다.

영적 우정과
환대의 삶을
지향하며

당신의 친구는 안녕한가

김기석 지음

두란노

차례

2부 환대의 삶을 향해

서문

에덴의 동쪽에서 살아가기 위하여

왠지 조마조마한 나날이다. 무슨 일이라도 벌어질 것 같은 느낌이 든다. 특별한 일이 있어서가 아니다. 세상이 날이 갈수록 거칠어지고 있다. 살얼음판 위를 걷는 것 같은 불안감이 스멀스멀 피어올라 몸과 마음을 굳게 만든다. 어딘가를 향해 걸어가는 사람들이 서로 스치듯 지나칠 뿐 만나지는 못하는 자코메티(Alberto Giacometti)의 조각 작품 같은 현실. 많은 이들이 피눈물을 삼키며 몸부림치고 있건만, 다른 사람들은 그들을 애써 외면한 채 그 곁을 그저 분주히 횡단한다. 무정함과 무감각만을 이 거친 세상에서 살아갈 수 있는 생존 전략으로 삼은 것일까? 지금 우리 삶의 자리는 동생 아벨을 죽인 가인이 이주하여 살던 에덴의 동쪽이다. 불안과 두려움이 삶의 기본값이다.

팬데믹이 어느새 엔데믹으로 정착하고 있다. 코로나19 사태는 우리의 방만한 삶을 돌아보라는 하늘의 경고였는지도 모른다. 욕망의 도로 위를 거침없이 질주하던 문명 앞에 밝혀진 멈춤 신호 말이다. 일시적이지만 사람들이 멈춰 서자 몸살을 앓고 있던 자연이 회복되는 기적을 우리는 목격했다. 멈춤 신호가 진행 신호로 바뀌지도 않았는데 지싯지싯* 앞으로 나아가는 차들처럼 사람들은 옛 삶의 방식으로 돌아가려 한다. 기후 위기를 경고하는 여러 가지 지표들이 계시록의 나팔소리처럼 쟁쟁하게 울려온다. "그리고 내가 보고 들으니, 날아가는 독수리 한 마리가 하늘 한가운데로 날면서, 큰 소리로 외쳤습니다. '화가 있다. 화가 있다. 땅 위에 사는 사람들에게 화가 있다. 아직도 세 천사가 불어야 할 나팔소리가 남아 있다'"(계 8:13). 과민한 탓인지 모르지만 불안감을 감출 길 없다.

인포데믹(Infodemic: 잘못된 정보가 유행병처럼 퍼지는 현상) 시대이다. 사람들은 불을 향해 날아드는 부나방처럼 수많은 정보들을 향해 돌진할 뿐, 자기를 돌아볼 여유를 누리지 못한다. 특정한 정보를 놓치는 순간 소외될지 모른다는 강박관념이 단단한 거미줄이 되어 우리를 확고히 포박하고 있다. 봄꽃이 피어나면 잠시 눈길을 던지지만 사람들의 시선은 이내 깜박이는 정보의 바다를 향하곤 한다. 마치 앞을 보지 못하는 것처럼 기적들 사이를 무심히 걸어간다. "하늘은 하나님의 영광을 드러내고, 창공은 그의 솜씨를 알려준다. 낮은 낮에게 말씀을 전해주고, 밤은 밤에게 지식을 알려준다. 그 이야기 그 말소리, 비록 아무 소리가 들리지 않아도 그 소리 온누리에 울려퍼지고, 그 말씀 세상 끝까지 번져간다"(시 19:1-4a). 이렇게도 장엄한 세계가 눈

앞에 펼쳐져 있건만 우리는 중력에 이끌리듯 땅의 현실에만 몰두한 채 살고 있다.

무엇을 먹을까 마실까 입을까 염려하지 말라는 주님의 음성이 물결처럼 우렁우렁* 들려온다. 생존을 위해 필요한 것을 마련하려는 노력조차 하지 말라는 말은 아닐 것이다. 사람은 그럴 수 없고 그래서도 안 된다. 주님은 온통 그 문제에만 몰두하느라 우리 삶이 기적이라는 사실을 잊고 있는 이들에게 삶의 다른 차원을 열어 보여주고 싶으셨던 것이다. 조금 덜 먹어도, 거친 옷을 입어도, 하늘을 잊지는 말아야 한다. 공중을 자유롭게 나는 새들, 알아주는 이 하나 없어도 자기 본성에 따라 저곳에 무심히 피어나는 꽃들은 조바심치지 않는다. 자신의 시간을 한껏 살아낼 뿐이다. 정보의 바다 위를 숨가쁘게 서핑하느라 사람들은 동료들과 진득하게 대화를 하지도 못하고, 대상물들을 오래 바라보지도 못한다. 느긋한 평화, 영원한 세계에 대한 동경이 가뭇없이* 사라지고 있다. 우리 시대가 우울에 빠진 것은 그 때문이 아닐까?

우리 일상 속에 깃든 영원을 보는 눈이 열릴 때 욕망의 확고한 종살이로부터 벗어날 수 있다. 종살이로부터 해방될 때 비로소 이웃의 얼굴에 어린 하늘이 보인다. 적대감이 넘치는 세상에서 누군가를 내 삶의 자리로 맞아들이는 것은 아름다운 일인 동시에 정의이다. 적대감이 넘치는 세상을 환대의 세상으로 바꾸는 것, 탐욕에 이끌리던 삶을 나눔과 절제의 삶으로 전환하는 것, 고립의 세상에서 연대를 추구하는 것이야말로 이 시대를 고민하는 모든 주체들에게 주어진 소명이다.

역사의 뱃머리에 서서 역사가 나아가야 할 방향을 가리켜야 하는 종교가 제 역할을 하지 못하고 있다. 갈릴리 호수에서 풍랑에 시달리던 제자들의 상황도 그러했다. 렘브란트는 그 위기의 순간을 맞이한 제자들이 보인 각기 다른 반응을 화폭에 담았다. 찢어질 듯 수수러진* 돛을 수습하려고 안간힘을 다하는 사람들, 키를 조종해보려 애쓰는 사람, 두려움에 사로잡혀 숨을 곳을 찾는 사람, 무릎을 꿇은 채 기도하고 있는 사람, 뱃멀미에 시달리는 사람, 깊은 잠에 빠지신 주님을 흔들어 깨우는 사람들, 그리고 아주 맑고 고요하게 그 현실을 직면하고 계신 예수님. 이 고요함 속에 희망이 있다.

시대를 고심하며 쓴 짧은 글들을 모았다. 어둠에 시달리는 이들에게 아주 작은 빛이라도 보여주고 싶었다. 모든 것이 등장했다가 재빨리 사라지는 세상에서 그래도 지속적인 가치들을 찾아보려 애썼다. 이 작은 책이 시대의 우울을 앓고 있는 이들의 발 앞을 비추는 한 점 불빛일 수 있으면 좋겠다.

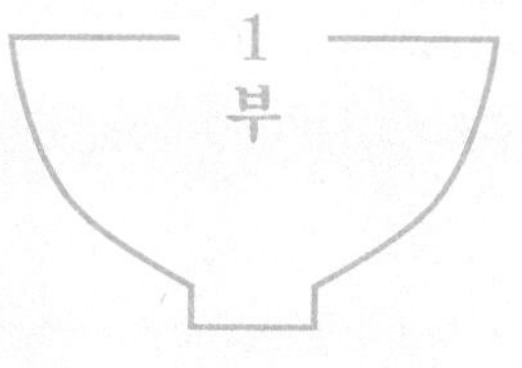

하나님의 빛 속에서

손님 되기의 윤리

팬데믹 상황은 우리의 시간에 균열을 일으키고, 친밀하던 소통의 통로를 끊어버렸다. 사방으로 흩어지는 마음을 애써 간종그리려* 해보지만 쉽지 않다. 명랑한 표정을 지어보려 해도 벼랑 끝에 선 것처럼 위태로운 나날을 보내고 있는 이들이 떠올라 마음이 무겁다. 간지러운 느낌이 들어 웬만하면 쓰지 않던 '그립다'는 말을 이제는 주체하지 못한다. 누군가 그런 표현을 써도 낯설지 않다. 감상적이라는 비난을 받더라도 바야흐로 그리움의 시대라고 말하고 싶다.

인간은 시간 속을 바장이며* 살기도 하지만, 공간의 제약을 받아들이며 살 수밖에 없다. 이곳에 있으면서 동시에 저곳에 있을 수는 없기 때문이다. 그런데 느닷없이 열린 이 팬데믹 세상은 인간의 공간 경험 혹은 장소 경험이 변할 수 있음을 보여주었다. 비록 시차가 있기는 하지만, 지구촌 저쪽에 있는 이들과 실시간으로 소통할 수 있는 길이 열린 것이다. 인터스텔라의 세계는 아니라 해도 이제는 마음만 먹으면 누구와도 만날 수 있다. 공간이 납작해진 것이다. 납작해진 공간을 통해 온기를 느끼거나 뉘앙스까지 알아차리기는 어렵지만, 경계선 너머의 세상과 접촉할 수 있는 여지는 한결 커졌다.

시카고에 있는 한 교회 교인들과 줌을 통해 대화를 나눌 기회가 있었다. 대부분이 생면부지인 분들이었지만, 존재의 중심을 향해 가는 순례자라는 공통점 때문에 나눌 이야기가 많았다. 불과 몇 해 전이라면 상상도 할 수 없는 일이다. 인간은 어떤 상황에서도 적응할 줄 아는 동물이라는 말이 옳다. 대화를 하며 느낀 것은, 많은 이들이 코로나19의 심각성 못지않게 자기 불화의 문제에 관심을 갖고 있다는 사실이었다. 좋은 사람으로 살고 싶다는 원의와 그렇게만 살 수는 없는 현실 사이의 거리 말이다. 함께 살아야 하는 타자는 우리 존재의 터전이지만 때로는 덫이 되기도 한다. 이름과 실재, 바람과 현실 사이의 간극 혹은 불화가 삶의 무게를 더한다.

인간은 누구나 태생적으로 유배자이다. 스스로 선택하지 않은 생을 살아야 한다는 것이 때로는 무겁게 느껴지지 않던가. 유배자의 내면을 지배하는 것은 불안이다. 살갗이 벗겨진 것 같은 쓰라림에 사로잡혀 있을 때 이웃들이 무심코 던진 말이나 적대적 눈빛은 우리 속에서 온기를 빼앗아간다. 그 빈자리에 냉기가 스며들 때 삶의 공허함이 확고하게 우리를 사로잡는다. 지금 하고 있는 일들이 부질없어 보이고, 늘어진 테이프에서 재생되는 소리처럼 삶은 지루해진다.

어떻게 살아야 할까? 유배자 의식을 적극적으로 부둥켜안아야 한다. 세상을 고향처럼 편안하게 인식하는 사람은 강자이지만, 변방에 처한 이들의 상처와 아픔을 이해하지 못한다. 시인 정호승은 "나는 그늘이 없는 사람을 사랑하지 않는다"("내가 사랑하는 사람"에서)라고 말했다. 그늘의 서늘

함이 배어들지 않은 사람에게서 향기를 맡기란 여간 어려운 일이 아니다. 나는 아직 중심에 도달하지 못했다는 자각, 아직도 가야 할 길이 멀다는 자각이 필요하다. 우리는 지금 이 자리에 잠시 손님으로 와 있을 뿐이다.

비평가 조지 스타이너(George Steiner)는 인간은 납득할 수 없이 삶에 던져진 인생의 손님이라고 말한다. 우리는 서로의 손님이 되어야 한다. 그렇지 못하면 상호 파괴와 영원한 혐오 속에 빠질 수밖에 없다. 손님은 손님다워야 한다. 그는 《나의 쓰지 않은 책들》(서커스)에서 "손님은 주인의 법과 관습을 받아들일 뿐, 그것을 고치려 하지 않는다. 주인의 언어를 익히면서, 그것을 더 잘하려고 노력할 수도 있다"라고 말했다. 그가 말하는 주인이 누구이든 독자인 나는 그 주인을 하나님으로 받아들인다. 하나님의 손님이 되어 잠시 머물다 가는 것이 인생이라면, 우리의 책임은 처음 왔을 때보다 이 세상을 더 아름답고 깨끗하게 만드는 것이다. 마당을 쓸고 물을 뿌리고 은모래를 깔아 손님을 영접했던 옛 사람들처럼, 누군가를 그렇게 손님으로 맞아들이며 산다면 우리는 하나님의 모습을 조금은 닮게 되지 않을까?

머뭇거림이 필요하다

"너는 흙에서 나왔으니, 흙으로 돌아갈 것이다"(창 3:19). 사순절이 시작되는 재의 수요일마다 기독교인들이 되뇌는 말씀이다. 종려나무 가지를 태운 재와 기름을 섞어 이마에 십자가를 긋는 의례를 행하는 교회도 있다. 재를 이마에 바름으로써 부끄러웠던 옛 삶을 청산하는 동시에 삶의 지향을 새롭게 하려는 것이다. 우리는 자기 의지와는 무관하게 이 세상에 왔다. 그리고 예상하지 못한 시간에 세상을 떠나야 한다. 태어남과 죽음 사이에 걸린 외줄 위를 위태롭게 걸어가는 것이 인생이다. "우리는 어디에서 왔는가, 우리는 누구인가, 우리는 어디로 가는가?" 시카고 미술관에 걸려 있는 고갱의 그림 제목이지만, 이것은 우리 모두의 질문이기도 하다.

흙에 불안을 더하면 인생이고, 인생에서 불안을 빼면 흙이라던가? 배꼽이 탄생의 흔적인 것처럼 불안은 '없음'으로부터 창조된 인간 속에 남겨진 무의 흔적이다. 불안은 떨쳐버릴 수 없는 숙명이다. 그 숙명을 안고 살면서도 지향을 잃지 않을 때 삶은 의젓해진다. 미국의 신경과 전문의이면서 작가인 올리버 색스(Oliver Sacks)는 죽음을 맞이하기 직전 자기 삶을 차분하게 돌아보며 고마움의 감정이 자기를 사로잡고 있다고 고백한다. 누군가를 사랑했고 사랑을 받았다는 것, 남들에게 많은 것을 받았고 조금쯤 돌려주었다는 것, 읽고 여행하고 생각하고 글을 썼다는 것, 그 전부가 아름다운 기억이었다고. 그래서 그는 말한다. "무엇보다 나는 이 아름다운 행성에서 지각 있는 존재이자 생각하는 동물로 살았다. 그것은 그 자체만으로도 엄청난 특권이자 모험이었다"(《아내를 모자로 착각한 남자》, 알마).

지금 우리가 누리는 삶은 특권이자 모험이다. "이런들 어떠하며 저런들 어떠하랴" 하며 바람 부는 대로 나부끼는 것도 인생이고, 지향을 분명히 하고 올곧게 걷는 지사적 실존도 인생이다. 어느 것이 더 낫다고 함부로 말할 수 없다. 각자 내적 이끌림에 따라 살아갈 뿐이다. 그러나 제멋대로 살 수 없는 것은 우리의 삶이 관계 속에서 이루어지기 때문이다. 타인은 기쁨의 샘일 때도 있지만 우리 삶을 제한하는 질곡일 때도 있다. 그럴 때면 타인을 조종하려는 충동이 우리 속에 스멀스멀 자리 잡는다. 자기 의사를 타인에게 부과하여 그가 내 뜻을 수행하는 것을 볼 때 만족을 느끼기도 한다. 권력에의 의지이다. 권력에의 의지는 분수를 모르기에 언제나 한계를 넘는다. 성경은 이러한 과도함 혹은 오만함이 곧 죄라 말한다. 죄는 남을 해칠 뿐만 아니라 자기도 파괴한다.

서슴없음과 당당함은 자신을 강자로 여기는 이들의 한결같은 태도이다. 그리고 그것이 이기심과 결합되면 몰염치함으로 변질된다. 몰염치는 타자의 존재를 인정하지 않으려는 마음이다. 시몬느 베이유(Simone Weil)는 우리가 사랑 가운데 서로를 대하기 위하여 필요한 태도가 '머뭇거림'

이라고 말한다. 가속화된 시간 속에서 살아가는 이들에게는 머뭇거림이 답답함으로 느껴질 수도 있다. 하지만 머뭇거림 속에는 함부로 말하거나, 판단하거나, 응대하지 않으려는 조심스러움이 담겨 있다. 지나칠 정도로 단정적인 언어를 사용하는 이들이 있다. 자기 나름의 확신 때문이겠지만 그들은 자기도 오류를 범할 수 있는 존재임을 알지 못하는 이들이다. 종교인들의 언어가 특히 그러하다. 확신은 고단한 생을 지탱해주는 든든한 기둥이지만, 그 확신이 다름을 받아들이지 못하는 폐쇄성에 갇힐 때는 아집에 불과하다.

사순절은 일종의 순례의 시간이다. 특정한 장소를 찾아가라는 말이 아니라 십자가라는 중심을 향해 나아가야 한다는 말이다. 십자가는 자아의 죽음인 동시에 더 큰 세계를 향해 열린 통로이다. 그 통로의 이름은 사랑이다. 이마에 재를 바른 이들은, 버려야 할 것은 버리고 붙잡아야 할 것은 든든하게 붙잡아야 한다. 온기 없는 말은 내려놓고, 누군가에게 혐오감을 드러내는 일은 삼가고, 다른 이들을 위해 좋은 것들을 남겨둘 줄만 알아도 삶이 한결 가벼워지지 않을까?

세월의 강물에 떠밀려 여기까지 왔다.
생각해보면 삶이 온통 빚이다.
우리 내면에는 사는 동안 인연을 맺었던
그 수많은 사람들의 흔적이
어떤 형태로든 남아 있다.
내가 빚진 자임을 자각하는 순간
시원의 아름다움이 삶에 유입된다.
삶이 고마움임을 깊이 느낄 때
우리 내면의 날카로운 것들이 허물어지고,
다른 이들이 다가와 편히 머물 수 있는
여백이 생긴다.
빚진 자 의식은 요구받음에 대한
자각으로 이어진다.

사랑은 또 다른 사랑을 부른다.

숨을 고를 수 있는 곳

봄철에는 불청객인 미세 먼지로 뒤덮인 도시를 보고 있다가 우울감이 밀려올 때가 있다. 저 멀리 우련히* 모습을 드러내는 산들도 왠지 슬퍼 보인다. 봄이 되어 꽃들은 무심코 피어나 대지를 밝히지만, 인간 홀로 유정하여 우울과 쾌활함 사이를 오간다. 눈을 감고 귀를 닫고 산다면 몰라도, 세상 도처에서 벌어지는 일에 도무지 무심할 수 없는 게 우리 삶이다. 수많은 사건 사고는 알게 모르게 우리 정신의 풍경을 결정한다. 지구촌 곳곳에서 벌어지는 폭력과 살육 사건들, 부정부패를 저지르면서까지 자기의 이득을 위해 하이에나처럼 달려드는 사람들, 서로를 향해 막말과 험담을 쏟아내는 정치인들. 이런 것들은 또 다른 미세 먼지가 되어 우리 정서에 부정적인 영향을 미친다.

이런 현실에 자주 노출되다 보니 마음은 점점 굳어지고, 타인을 맞아들일 여백도 줄어든다. 영문을 알 수 없는 외로움이 안개처럼 피어올라 우리를 강하게 사로잡는다. 다른 이들과 우리를 이어주던 결속감이 느슨해지면서, 어디에도 마음 둘 곳이 없다는 적막함이 깃든다. 적막함을 떨쳐보려 이것저것 손을 대보지만 영혼의 움푹 팬 자리는 좀처럼 메워지지 않는다. 그럴수록 숙성되지 않은 욕망은 더욱 집요하게 우리 옷자락을 잡아끈다. 악순환이다. 그 악순환에서 벗어날 수 있는 길이 있을까?

마음 둘 곳이 있어야 한다. 효율성이나 생산성과 결부되지 않은 시간을 오롯이 누릴 수 있는 그런 곳 말이다. 미국 시인 메리 올리버(Mary Oliver)는 자연 속에 머물 때 자신의 삶이 더욱 풍성해졌다고 말한다. 그곳에서는 잠깐 동안 빛나다가 스러지는 달빛의 슬픔도 헤아리게 되고, 곱게

갈려 더 활기찬 뭔가의 일부가 되고 싶은 돌의 조급한 갈망도 헤아리게 되고, 맑은 근원을 무거운 마음으로 기억하는 강의 심정까지 상상하게 된다고 한다("이끼, 산들, 강들"에서). 시인도 자신이 하는 말들이 이상한 질문이요 상상이라는 사실을 잘 안다. 그러나 그런 쓸데없는 상상이 우리 정신을 풍요롭게 만드는 것은 사실이다.

소비사회가 우리에게서 빼앗아간 것은 경탄의 능력이다. 어린 아이들에게 세상은 신비의 장소이다. 무엇 하나 당연한 것은 없다. 그러나 주변의 것들에 익숙해지면서 우리는 사물이나 자연 속에 깃든 신비를 보는 눈을 잃어버렸다. 뭘 보아도 심드렁하다. 땅의 인력에 이끌리는 동안 하늘을 잃어버린 것이다. 예수는 먹을 것, 입을 것에 대한 걱정에 사로잡힌 사람들의 문제를 풀어주시기는커녕 들에 핀 꽃들과 하늘을 자유롭게 나는 새를 보라 하셨다. 그것들 속에 깃든 하나님의 솜씨와 마음을 읽을 때, 우리 마음을 온통 사로잡은 걱정과 근심의 무게는 줄어든다. 삶의 여건은 달라지지 않아도 삶을 대하는 자세는 달라질 수 있다. 그 눈이 열리는 순간 더 이상 세상을 경제적 논리에 따라서 보지 않게 된다.

19세기 영국 시인 제라드 홉킨스(Gerard Manley Hopkins)는 "빈지의 미루나무들"이라는 시를 통해 인간의 욕망 때문에 파괴되는 자연의 아름다움을 표현했다. 옥스포드 북서쪽 템즈 강변에 있는 조그마한 마을 빈지는 열지어 선 미루나무들로 인해 풍광이 그윽했다. 어느 날 그 미루나무들이 남김없이 베어졌다. 명분은 개발이었다. 시인에게 그 나무들은 '공중의 새장'이었고, 나뭇잎들은 뛰어오르는 해를 누그러뜨리는 손길이었다. 무수한 도끼질과 함께 아름답고 특별했던 그 장소는 사라지고 말았다. 장소는 기억의 저장소인 동시에 우리의 애틋함이 녹아든 곳이다. 언제라도 우리가 찾아가 잠시 머물고, 숨을 고를 수 있는 곳이라는 말이다. 그런 장소가 하나 둘 사라질 때 정신은 황폐해지기 쉽다.

사람도 누군가에게 아름다운 장소가 될 수 있지 않을까? 세상에는 고향과 같은 사람이 있다. 어떤 경우에도 나를 내치지 않으리라는 사실을 일깨워주는 사람과 만나면, 새로운 삶의 용기가 가만히 스며들지 않던가.

더 큰 이야기 속으로

난감한 질문 앞에 설 때가 많다. 그런 질문은 학교 시험 문제와 달리 정답이 정해져 있지 않은 경우가 대부분이다. “있음이냐 없음이냐, 그것이 문제로다”라고 했던 햄릿의 질문 같은 것이 그러하다. 시간 속에서 바장이는 인간의 삶은 모호하기 이를 데 없다. 지름길이라 여기며 걷던 길이 느닷없이 뚝 끊기기도 한다. 길이 막혔다고 생각했던 곳에서 예기치 않은 길이 모습을 드러내기도 한다. 선한 뜻으로 행했던 일이 나쁜 결과를 낳기도 하고, 불행의 전조인 줄 알았던 일이 행운의 서막이 되기도 한다. 새옹지마 이야기는 삶의 그러한 모호성을 오롯이 반영하고 있다.

모호함을 견딜 수 없는 이들일수록 확고하고 단정적인 답을 제시하는 이들에게 매력을 느낀다. 회의의 여지조차 남기지 않고 단호하게 답을 제시하는 사람을 카리스마적 지도자로 상찬하며 추종하는 이들이 있다. 누군가를 좋아하고 따르는 것이 문제되지는 않는다. 그러나 특정한 사람을 숭배에 가까운 감정으로 대하는 것은 어리석다. 모든 사람은 오류의 가능성을 품고 산다. 무오류에 대한 신념은 교조주의를 낳을 뿐이다. 세상에는 다름을 용납하려 하지 않는 이들이 있다. 그들은 차이를 무질서와 혼돈으로 보기에, 차이가 해소되지 않으면 불편해한다. 과도한 자기 확신에 사로잡힌 사람일수록 폭력적이다. 정신의 무르익음은 차이를 대하는 태도에서 드러난다.

시인 김승희는 "신의 연습장 위에"라는 시에서 삶의 모호함을 아프게 고백한다. "신이 쓰다버린 모호한 문장처럼/영원히 결론에 이르지/못하는/나는 하나의 병든 물음표." 답하기 어렵지만 삶은 결국 선택이다. 그 갈림길 앞에서 느끼는 혼란스러움 때문에 시인은 자신을 "더디 지워지는 … 울음표"로 소개한다. 물음표와 울음표 사이에 인생이 있다. 머뭇거리면서도 어차피 하나의 길을 선택해야 하는 것이 인생이다.

답하기 어려운 질문 앞에 설 때마다, 꽤 긴 세월을 살았으면서도 삶에 대한 깊은 이해에 이르지 못한 나의 부족함을 절감한다. 그런 과정을 거치며 한 가지 깨달은 것이 있다. 상대방을 골탕 먹이거나 함정에 빠뜨리기 위한 질문이 아니라 삶의 과정 중에 비롯된 진실한 질문이라면, 굳이 정답을 찾아 제시하려고 애쓸 필요가 없다는 것이다. 아무렇게나 대답해도 된다는 말이 아니다. 일단 질문자가 느끼는 당혹스러움에 깊이 공감하고, 그와 동일한 질문 앞에서 "나는 이런 선택을 했다"고 정직하게 말할 수 있으면 그만이다.

요즘은 청년들이 자기 삶을 주체적으로 선택하기 어려운 시절이다. 촘촘하게 직조된 사회의 그물망 속에서 자유롭게 움직이는 사람보다는 그 속에서 포획된 것처럼 옴짝달싹못하는 이들이 더 많다. 그 그물망을 찢을 엄두는 내지 못하기에 비애감은 더욱 깊어간다. 기성세대가 만들어놓은 문법 구조 속에 갇혀 살지 말고 새로운 문법을 만들라는 말은 옳은 말처럼 들리지만, 그들이 처한 질곡을 반영하지 못한다. 이런 현실 속에서 신앙은 어떤 역할을 해야 할까? 그저 상처를 다독거리고, 모든 게 잘될 거라고 격려하면 그만인가?

성경은 인간의 죄와 욕망 위에 세워진 주류 질서에서 튕겨져 나온 사람들이 빚어낸 대안적 흐름을 일관되게 보여준다. 출애굽 사건은 계층의 사다리 맨 아랫단을 형성하는 사람들을 소모품처럼 취급하는 제국의 질서를 전복하며 시작되었다. 예수의 십자가와 부활은, 지중해를 내해로 거느린 군사대국 로마제국에 맞서는 하나님 나라 운동과 연결시킬 때만 그 의미가 오롯이 드러난다.

세상은 끊임없이 우리를 길들이려 한다. 그 체제 안에 머물 때 우리 영혼은 납작해진다. 비루한 일상 속에 허덕이는 동안 우리 속에 새겨진 하나님의 형상은 가뭇없이 사라지고, 살아남아야 한다는 강박관념만 남는다. 분주함 속에서 바스러지지 않기 위해서라도 잃어버린 높이와 깊이의 차원을 되찾아야 한다. 세상의 평가와 무관하게 우리 삶이 무한히 소중하다는 것을 자각해야 한다. 우리는 저마다 자기 삶의 저자이지만, 우리가 써가는 삶의 이야기는 하나님의 구원 이야기의 일부가 되어야 한다. 그때 비로소 은결든[*] 마음에 하늘빛이 스며든다. 모호함을 받아들이는 용기와 더불어 그분의 역사가 시작된다.

무엇에 붙들려 사는가

비정상이 정상처럼 여겨지고, 정상이 오히려 낯설게 여겨지는 세상이다. 우리는 자신도 모르는 사이에 세상의 가치관을 내면화하고 살아간다. 물론 길들여지기를 거부하는 이들도 있다. 그들은 세상 물정 모르는 사람 취급을 받거나, 질시의 대상이 되기도 한다. 사람들은 '좋은 게 좋은 거지'라는 논리로 자기 행위를 정당화한다. 어중간의 논리가 우리 의식을 장악하는 순간, 진실은 가뭇없이 사라지고 생존을 위한 본능만 작동한다. 그러면 잠정적 평안은 얻을지 몰라도 영혼은 점점 남루해진다. 불투명성 속에 갇힌 영혼이 맑고 깨끗한 영혼을 만나면 부끄러움에 사로잡히고, 동시에 그의 존재를 부정하고 싶은 욕구에 시달리기도 한다.

일평생 하나님 말씀에 사로잡혀 살아가는 이들이 있다. 그들에게 신앙은 자기들의 욕망을 이루기 위해 동원하는 편리한 기제가 아니라 삶을 이끌어 가는 견인차이다. 세상의 모욕과 박해도 그들의 열정을 가로막지 못한다. 얼마 전, 구순을 바라보는 원로 사회학자 한 분과 만났는데, 대화하는 동안 마치 죽비로 맞는 것 같았다. 약 3시간 내내 그 원로는 '비움', '몸의 부활', '하나님 나라'를 향한 꿈에 대해 말씀하셨다. 그분에게 신앙은 형이상학적인 이론이나 관념이 아니라, 척박한 역사의 현장 속에서 구현되어야 할 삶의 내용이었다. 안에 있는 것이 밖으로 나온다 하지 않던가. 그는 하나님의 꿈에 온전히 사로잡혀 있었다. 경이로운 집중력이었다.

여러 해 전에 미국 남부의 소도시인 플레인즈에 다녀온 적이 있다. 사람들에게 잘 알려지지 않은 그곳을 찾은 까닭은 클라렌스 조르단(Clarence Jordan) 목사가 1942년에 시작한 농업 공동체 '코이노니아 농장'(Koinonia Farm)을 보고 싶었기 때문이다. 교회학교에 다니던 어린 시절, 그는 아주 극심한 인지 부조화에 시달렸다. 어린이 찬송가의 가사와 주변 현실이 아주 달랐던 것이다. "빨강, 노랑, 검정, 하양, 그 어떤 색이든 하나님 눈에는 모두 존귀하다네 예수님은 세상의 모든 어린이를 사랑하신다네." 이렇게 찬송했지만, 그가 보기에 흑인 아이들은 넝마를 걸치고 있었고 씻지 못해 더러웠고 늘 배고파 보였다. 예수님이 정말 이런 친구들도 사랑하실까? 어린 마음에도 뭔가 잘못되었다는 생각이 들었다. 그가 어렴풋이 깨달은 사실은, 잘못이 하나님께 있는 것이 아니라 사람을 차별하는 사람에게 있다는 것이었다.

나중에 신학을 공부하고 목사가 된 그는 플레인즈에 형제애와 비폭력, 경제적 나눔을 근본 원리로 삼는 기독교 생활 공동체를 세웠다. 그는 공동체가 부활하신 그리스도의 몸이 되어야 한다고 생각했다. 그와 동료들은 인종차별이 극심했던 그 도시에서 아프리카계 미국인들을 동료로 받아들였다. 함께 예배드리고, 한 상에서 음식을 나눴다. 주위에 사는 사람들은 남부의 전통을 깨는 일이라며 더 이상 그렇게 해서는 안 된다고 엄중하게 경고했고, 백인 우월주의 단체인 KKK단은 여러 차례 농장에 폭탄을 던지기도 했다. 마을 전체가 공모하여 코이노니아 농장에 어떤 물건도 팔지 않았고, 그곳에서 생산된 물건들을 사지도 않았다. 지역의 교회들조차 그 공모에 가담하여 빨갱이라는 오명을 뒤집어씌우기도 했다. 그러나 클라렌스와 공동체 구성원들은 적당히 타협하지 않았다. 그들에게 공동체란 그들이 공유하고 있는 이념 혹은 신앙에 구체성을 부여하는 방식, 즉 예수의 정신을 육화하는 길이었기 때문이다.

바울은 살든지 죽든지 자신의 몸을 통해 그리스도의 존귀함이 나타나기를 바라는 일념으로 살았다. 이 단호하고도 겸허한 믿음이 있었기에 그는 온갖 시련 속에서도 기쁨을 잃지 않았다. 나희덕 시인은 "나에게 시는 닻이고 돛이고 덫"이라고 말했다. 믿음 또한 그러하다. 믿음은 우리 마음이 표류하지 않도록 붙들어주는 닻이고, 바람을 타고 마땅히 가야 할 곳으로 가도록 이끌어주는 돛이다. 그러나 자기 확신이라는 함정에서 벗어나지 못하게 하는 덫이 되어서는 안 된다. 오늘 우리를 붙들고 있는 것이 진리와 자유의 방향으로 우리를 이끌고 있는지 돌아보아야 할 때다.

머무름 둘

신앙의 신비는 역설 속에서 모습을 드러내지만,
신앙의 진실함은 구체적인 일상 속에서
스스로 입증되지 않으면 안 된다.

고통받는 이들 곁으로 다가가 벗이 되어주고,
그들 속에 생기를 불어넣는 사람들에게서
우리는 그리스도의 향기를 맡는다.

추상적인 사랑을 넘어

온 세상을 사랑하는 일은 어렵지 않다. 그런 사랑은 대개 관념 속에 존재한다. 우리는 세상에서 벌어지는 참극을 보면서 애달파하고, 고통을 겪는 이들의 소식이 들려올 때마다 가슴 아파한다. 때로는 하나님께 왜 이 무정한 세상을 그냥 버려두시냐고 하소연하기도 한다. 조금 시간이 지나면 또 다른 아픔에 눈을 돌리며 똑같은 탄식을 반복한다. 세상의 고통을 모른 척하지 않는 자신이 꽤 괜찮은 사람이라는 생각을 품기도 한다. 하지만 가까이에 있는 이들을 사랑하고 돌보는 일은 쉽지 않다. 그들이 누군가의 도움을 필요로 한다면 더욱 그렇다. 그들이 공간적으로 멀리 떨어져 있거나, 인터넷 공간에만 머물고 있다면 상관없다. 문제는 우리가 산뜻하게 유지하고 싶은 일상의 공간에 그들이 틈입할 때다. 그때마다 우리는 경계심을 품고 대하거나, 마음의 담을 쌓아 그를 밀어내려고 한다. 환대란 타자에게 자리를 주는 것이라는데, 우리는 환대의 의무를 소홀히 할 때가 더 많다.

세상의 아픔을 보고 차마 그냥 넘기지 못하는 이들이 있다. 모욕을 당하거나 위험에 빠지면서도 고통받는 이웃들의 삶 속으로 뛰어드는 이들의 모습에서 우리는 언뜻 드러나는 하늘을 본다. 그들이야말로 무정하고 사나운 세상을 보고 진노하시는 하나님의 팔을 붙드는 사람들이다.

우리는 이웃 사랑이라는 당위와, 곤경에 처한 이들과 연루되고 싶지 않다는 이기적 자아 사이에서 바장인다. 조금씩이라도 당위의 방향으로 몸을 틀 때 새로운 삶의 지평이 열리건만, 대개는 옛 삶의 인력에서 벗어나지 못한다. 당위와 현실 사이의 거리가 양심을 괴롭힐 때 우리는 선을 행하지 못하는 이유를 만들어낸다. 고통을 개별화시키거나, 개인의 선한 행동으로 세상이 변하지는 않는다고 생각하는 것이다. 이런 논리에 사로잡힌 이들은 아흔 아홉 마리의 양을 산에 남겨두고 길 잃은 양 한 마리를 찾아나서는 목자가 무책임하다고 생각할 수밖에 없다. 스스로 주류에 속한다고 생각하는 사람들은 변방에 머무는 이들의 아픔을 헤아리려 하지 않는다. 대의를 위해 작은 희생쯤은 감수해야 한다고 말하기도 한다.

예수님이 많은 표징을 행하시면서 사람들의 시선이 그분께로 집중되자 지도자들은 위기의식을 느꼈다. 그들이 염려한 것은 자기들이 누리는 특권의 해체였다. 그때 그 해의 대제사장인 가야바가 말했다. "당신들은 아무것도 모르오. 한 사람이 백성을 위하여 죽어서 민족 전체가 망하지 않는 것이, 당신들에게 유익하다는 것을 생각하지 못하고 있소." 한 사람의 희생으로 민족 전체가 위기에 빠지지 않을 수 있다면 당연히 그쪽을 선택해야 한다는 말이다. 그의 셈법은 간단하다. 개인은 전체를 위해 희생될 수도 있다는 것이다. 이 교묘한 논리는 악마적이다. 희생되어야 할 개인 가운데서 자기들은 제외하고 있기 때문이다. 전체주의는 늘 이런 방식으로 작동된다.

아브라함 조슈아 헤셸(Abraham Joshua Heschel)은 전체주의적 발상이 얼마나 비성경적인 것인지를 설명하면서 한 가지 예를 들려준다. 막강한 적들이 도시를 점령한 후 모여 있는 여자들에게 "너희 모두 욕보지 않으려면 너희 가운데 하나를 우리에게 보내라"고 말한다면 어떻게 할 것이냐고 묻는다. 그는 적들이 와서 모두를 욕보이게 할지언정 어느 한 여자를 뽑아서 욕보게 해서는 안 된다고 말한다. 이것이 성경의 정신이라는 것이다.

상황이 위급할 때면 우리는 누군가를 희생시킴으로써 나의 안위를 보장받고 싶어 한다. 인지상정이다. 그러나 그래서는 안 된다. 두렵고 떨리지만 한 사람을 희생시키지 않기 위해 위험을 무릅쓸 때, 우리는 비로소 신뢰 사회를 만들 수 있다. 남을 살리기 위해 자기를 희생하신 그리스도의 사랑이 우리를 구원했다고 고백하는 사람들에게 요구되는 것은 이런 용기이다. 추상적인 사랑 담론에서 벗어나 우리 곁에 다가온 사람 하나에게 성심을 다할 때, 문득 새 하늘과 새 땅이 열리고 있음을 알게 될 것이다.

궁핍한 시대의 신앙

13세기의 수도자 프란체스코는 꿈에 나타난 다미아노 성인의 메시지를 하나님의 부르심으로 받아들였다. 그것은 위험에 처해 있는 교회를 구하라는 것이었다. 그는 네 명의 탁발 수도사와 함께 포르티운쿨라에 거처를 정하고 아시시의 거리와 근처 마을을 다니면서 사랑에 대해 설교했다. 니코스 카잔차키스(Nikos Kazantzakis)는 《성자 프란체스코》에서 어느 날 아침 프란체스코가 바친 기도를 소개하고 있다. "주님, 만일 제가 당신을 사랑하는 이유가 저를 천국에 보내달라고 하기 위한 것이라면 칼을 든 천사를 보내 천국의 문을 닫아버리게 하소서. 주님, 만일 제가 지옥에 가는 것이 두려워서 당신을 사랑한다면, 저를 영원한 불구덩이 속으로 던져넣으십시오. 그렇지만 제가 당신을 위해서, 당신만을 위해서 당신을 사랑한다면 당신의 팔을 활짝 벌려 저를 받아주소서."

하나님을 사랑하는 까닭이 다만 천국에 대한 기대나 지옥 형벌에 대한 두려움 때문이라면 그 사랑은 진실한 것이 아니기 때문이리라. 사랑은 그 대상 속으로 녹아드는 경험이다. 사랑은 사로잡힘이다. 그렇기에 불가항력이다. 사랑은 계산을 모른다.

디베랴 바닷가에서 부활하신 주님은 베드로에게 "네가 나를 믿느냐"고 묻지 않고 "네가 나를 사랑하느냐"고 물으셨다. 믿음 또한 그 대상과의 깊은 일치를 지향하지만, 사랑은 주체와 객체의 차이를 넘어 한결 근원적인 일치 속으로 우리를 잡아끈다. 스승을 세 번씩이나 모른다고 부인했던 베드로에게 던져진 그 질문은 사랑의 신비 속으로 들어오라는 일종의 초대였다. 사랑의 초대를 받아들이는 순간, 베드로는 더 이상 자기 욕망에 충실한 개별적 존재로 살 수 없었다. 십자가의 길이 그의 길이 되었기 때문이다. 사랑은 달콤한 감정이 아니라 목숨을 건 모험이다. 그렇기에 사랑은 매혹인 동시에 영혼을 흔드는 두려움이다.

그 부름에 응답하는 이들은 성스러운 반역자가 될 수밖에 없다. 가장 아끼는 것을 버리고, 사람들이 싫어하는 외로움과 가난 혹은 시련을 능동적으로 받아들여야 하기 때문이다. 시대의 흐름을 거스르며 산다는 것, 편안하고 안전해 보이는 넓은 길을 버리고 좁은 길을 선택한다는 것은 세상의 눈으로 보면 어리석은 일이 아닐 수 없다. 십자가를 붙들고 산다는 것은 그 어리석음을 능동적으로 받아들인다는 뜻이다. 붉은 네온 십자가가 도시의 밤하늘을 밝히고 있지만, 십자가의 어리석음을 삶으로 실천하려는 이들은 많지 않다.

횔덜린(Friedrich Hölderlin)은 "이 궁핍한 시대에 시인은 무엇을 위해 사는 것일까?"를 물었다. 그가 말하는 궁핍한 시대는 물질적으로 곤궁한 때를 말하는 것이 아니라, 사람들의 삶을 든든하게 지탱해주던 신들이 떠나버린 후 새로운 신이 도래하지 않은 그 사이 시간을 말한다. 신들이 떠났다는 말은 사람들이 세속적인 것에만 마음을 둘 뿐 존재

자체이신 분에 대해 관심을 갖지 않는다는 말이다. 정신의 위기 속에 있지만 신적 현실이 틈입할 여지를 주지 않는 시대야말로 궁핍한 시대이다. 그렇게 본다면 소비주의와 향락주의가 유사 종교가 된 오늘이야말로 궁핍한 시대라 말하지 않을 수 없다.

종교개혁 기념일이 다가올 때마다, 1517년 독일의 소도시 비텐베르크에서 일어났던 그 사건을 기억하는 것만으로 충분한지 자문해본다. 마르틴 루터의 용기를 칭송하는 것만으로 충분할까? 그가 게시했던 95개조 논제 가운데 제1논제는 전체 내용의 서론인 동시에 방향타이다. "우리의 주요 선생이신 예수 그리스도께서 '회개하여라'(마 4:17) 하신 것은 신자의 전 삶이 돌아서야 함을 명령한 것이다." 지금은 돌아서야 할 때이다. 머리나 가슴의 변화만으로는 부족하다. 신뢰하며 그리스도의 빛을 따라 용감하게 걸어야 한다. 교회에 과연 희망이 있냐고 묻는 이들이 있다. 희망은 발이 없기에 누군가 어깨에 메고 데려와야 한다. 이 궁핍한 시대에 어리석은 십자가의 길을 걷는 이들이 있다는 것, 그 자체가 세상의 희망이 아닐까?

기다림의 시간

교회력은 대림절로부터 시작하여 성탄절기, 주현절기, 사순절기, 부활절기, 성령강림절기를 거쳐 '왕이신 그리스도 주일'로 그 주기를 완성한다. 다시 오실 그리스도를 기다리는 것으로 한 해를 시작한다는 것은 의미심장하다. 기다림은 설렘과 조바심을 동시에 안겨준다. 설렘은 다가올 존재에 대한 기억 혹은 기대가 우리 영혼 속에 일으키는 작은 파문이다. 조바심은 그를 만나지 못할 수도 있다는 자각에서 비롯된 흔들림이다. 아무것도 기다리지 않는 사람은 세상사에 초연한 사람이거나 영혼의 불씨가 꺼져가는 사람일 것이다. 물론 다가오는 시간을 공포로 경험하는 사람도 있다. 그들은 미래보다는 과거에 기대 현실의 공포를 이겨내려 한다. 기다린다고 하여 시간이 빨리 흐르지도 않거니와 밀어낸다고 하여 시간이 뒷걸음질치지도 않는다. 잘 산다는 것은 어쩌면 보드 위에서 파도를 타고 나아가는 서퍼들처럼 시간의 파도를 타고 영원의 해안으로 향하는 것인지도 모르겠다.

시간도 낡아질 수 있다. 사실 이 말은 어폐가 있다. 낡아지는 것은 시간이 아니라 인간의 시간 경험이다. 삶은 반복이다. 매일 반복하는 일들이 우리 힘을 고갈시킬 때가 많다. 반복에 지친 이들은 커다란 변화를 꿈꾼다. 새로운 사람, 새로운 물건, 새로운 장소에 대한 맹목적 그리움은 그렇게 발생한다. 그러나 반복이 늘 동일한 것은 아니다. "같은 강물에 두 번 발을 들여놓을 수 없다"는 말처럼 우리는 늘 흐름 혹은 변화 속에 있기 때문이다. 반복 속에서 경험하는 미세한 차이가 우리 삶의 무늬를 이룬다. 사람들은 시간 속에 마디를 만들어, 지속하는 시간의 권태를 이겨내려 한다. 국가가 제정한 기념일, 축제, 각 개인의 일정표에 매년 기입하지 않으면 안 되는 개인적 기념일들은 시간을 건너기 위한 일종의 징검돌이라 할 수 있다.

유대인들은 유대력으로 일곱 번째 달인 티쉬리월에 로쉬 하샤나라는 신년 축제를 즐긴다. 대략 9월 중순부터 10월 초순에 해당되는 날이다. 로쉬 하샤나는 창조주를 기억하는 날, 허비한 인생을 부끄러워하며 회개하는 날, 하나님께 돌아가는 날이다. 이 날을 알리는 제사장의 나팔소리가 울려퍼지면 사람들은 가까운 냇가나 강에 나가 옛 삶의 흔적들을 띄워 보내는 의례를 행한다. 20세기의 유대 철학자인 나흐마니데스(Nachmanides)는 뿔나팔소리 속에 담긴 의미를 이렇게 해석했다. "깨어나라, 너 잠자는 자여, 너의 창조자를 기억하고 회개하라. 그림자를 사냥하는 사람이 되지 말고, 공허한 것을 찾느라 인생을 소비하는 자가 되지 말라. 너의 영혼을 들여다보라. 너의 악한 방법과 생각에서 떠나고 하나님께 돌아오라. 그리하면 하나님께서 너를 긍휼히 여기시리라." 로쉬 하샤나는 시간을 새롭게 하는 의례인 셈이다.

겨울의 초입에서 맞이하는 대림절은 우리에게 각

별한 의미로 다가온다. 시간의 파도를 타고 넘느라 힘겨웠지만 삶의 열매는 부실한 것 같다는 자책감에 사로잡히기 쉬운 때이기에 더욱 그러하다. 푼푼하기는커녕[*] 서부렁하기[*] 이를 데 없어 부끄럽지만 우리 삶을 시간의 주인이신 분 앞에 내놓아야 한다. "잘하였도다, 착하고 충성된 종아" 하고 칭찬을 들을 수 있다면 좋겠지만, 설사 꾸지람을 들을지라도 달게 받아야 한다. 하나님의 꾸지람은 우리를 불모의 땅에서 벗어나게 하려는 사랑일 테니 말이다. 나태함과 변덕스러움, 비열함과 잔혹함이 넘치는 세상에 살면서도 우리가 여전히 평화와 생명을 꿈꿀 수 있다면 아주 버림받은 생은 아니다.

대림절의 초에 하나둘 불이 밝혀질 때 우리 속에 도사린 어둠이, 우리 사회를 은밀히 지배하고 있는 공포와 혐오와 분열의 영이 스러질 수 있으면 좋겠다. 빛이 그리운 시절이다.

머무름 셋

세상에서 벌어지는 참혹한 일들 때문에
하나님의 가슴에는 멍이 가실 날이 없다.
세상의 고통 가운데 하나님과 무관한 것은 없다.
온 세상이 그분의 몸이기 때문이다.

어둠은 저절로 줄어들지 않는다

동지 무렵, 어둠이 가장 깊은 때에 빛의 세상이 시작된다. 새벽별이라 일컬어지는 분이 오신다. 그분의 오심은 과거와 현재와 미래를 두루 관통한다. 기다리던 존재 혹은 시간의 도래는 기다리던 이들의 가슴에 기쁨의 물결을 일으킨다. "기뻐하라!" 가브리엘 천사가 마리아에게 한 인사말이다. 그가 마리아에게 전한 메시지는 아무리 생각해보아도 기뻐할 수 있는 소식이 아니다. 마리아는 하나님의 구원 이야기에 동참할 것을 요구받았다. 물론 거절할 수도 있었다. 하나님은 아무도 강제하시지 않기 때문이다.

시내산 언약을 맺을 때도 하나님은 그 백성에게 당신의 뜻을 소상하게 알리신 후 그들이 동의하는지 물으셨다. 바로와 애굽의 관료들은 강제 노역에 동원된 이스라엘 백성에게 "당신들의 생각은 어떻습니까?" 하고 묻지 않았다. 그들은 자유인이 아니라 노동 기계였기 때문이다. 기계는 일의 전모를 이해할 필요가 없다. 기계가 고장나거나 마모되면 교체해버리면 그만이다. 선택의 자유를 박탈당하는 순간 인간은 더 이상 인간이 아니다. 그러나 하나님은 언제나 우리에게 선택권을 주신다.

마리아는 두렵고 떨림으로 하나님의 뜻에 "아멘"으로 응답한다. 평범한 가정을 이루고 살려던 가멸찬 꿈은 스러지고 호젓한 외로움 속에서 세상의 따가운 시선과 타격을 안추르며* 살아야 할 고단한 미래가 남았다. 철이 없어서가 아니었다. 마리아는 세상이 줄 수 없는 기쁨을 예감했던 것이다. 식민지 백성이 일상적으로 경험하는 차별과 폭력과 착취는 하나님의 뜻이 아니었다. 아름다운 세상은 저절로 오는 것이 아니다. 하나님의 꿈을 가슴에 품고 해산의 수

고를 다하는 이들을 통해 온다.

아브라함 조슈아 헤셸은 땅과 하늘을 화해시키려는 하나님의 꿈은 "계속되는 창조의 드라마에서 한 배역을 담당한 인간과 함께 꾸어야 하는 꿈"이라고 말했다. 마리아는 그 꿈에 주체적으로 동참했다.

어둠은 빛의 부재라지만, 빛의 배경은 어둠일 수밖에 없다. 어둠이 없다면 빛도 없다. 어둠에 지친 이들이라야 빛을 고대한다. 어둠은 빛을 이기지 못한다. 시인 오규원은 "어둠을 자세히 보는 방법은 뭐니뭐니 해도/어둠이 어두운 게 아니라/어두운 게 어둠이라는 사실"("어둠은 자세히 봐도 어둡다"에서)을 알아차리는 것이라고 말한다. 옳다. 어두운 날 바라보면 모든 게 어둡게 보인다. 꽃도 사랑도 청춘도 어둡고 심지어는 태양도 어둡다.

어둠이 우리 마음을 지배하지 못하도록 하려면 빛을 향해 고개를 들어야 한다. 세상에는 어둠을 만드는 이들이 여전히 많은 것처럼 보인다. 사람들을 벼랑 끝으로 내몰고, 모욕감을 안겨주고, 함부로 대하는 이들을 보면 암담하다. 세상 어디에도 설 땅이 없는 난민들은 오도 가도 못한 채 국경 근처에서 서성거리고, 어떤 이들은 바다를 건너려다 검은 물속에 빠지기도 한다. 참 빛을 기다리는 이들은 맥을 놓고 기다리면 안 된다. 작은 등불 하나라도 밝혀야 한다. 인간의 등불 말이다.

히틀러 치하에서 순교당한 디트리히 본회퍼(Dietrich Bonhoeffer)가 1943년 대림절에 부모님께 보낸 옥중 편지를 보면, 아들이 감옥에 갇혀 있다는 사실 때문에 두 분의 시간 위에 그림자가 드리워질까 염려하는 것을 알 수 있다. 그는 몸은 비록 떨어져 있지만 성탄절을 맞이하는 마음은 하나라면서, 두 분이 수십 년 동안 자녀들을 위해 준비했었던 성탄절의 기억이 자기를 지탱해준다고 고백한다. 그 기억이 "시간의 변화나 우연성과는 무관한 내적 유산과 과거를 소유한다는 것이 무엇인지를" 일깨워준다는 것이다.

오랫동안 지속된 정신적 전통을 딛고 서 있는 이들은, 어떤 곤경에 직면해도 보호받고 있다는 확신을 품을 수 있다. 누군가와 함께했던 아름다운 기억은, 우리 속에 슬그머니 깃든 채 주인 노릇하려 드는 어둠을 내모는 빛이다. 우리 내면에 조금씩 조금씩 쌓인 빛이 다른 빛과 만날 때 세상은 밝아진다.

동지 무렵의 어둠은 우리가 노력하지 않아도 줄

어들겠지만, 세상에 드리운 어둠은 저절로 줄어들지 않는다. 빛으로 오시는 분이 말씀하신다. "너희는 세상의 빛이다." 이것은 사실에 대한 진술인 동시에 초대이다. 공허하고 쇠잔한 무력감에서 벗어나 빛을 향해 걸어가야 할 때이다.

실적으로 평가되기 어려운 일

어느 때부터인지 새해 결심을 하지 않게 되었다. 그저 하루하루 충실하게 살자는 생각뿐이다. 반복되는 일상에 떠밀리면서 적잖이 지쳤기 때문일 것이다. 시간은 늘 새롭게 다가오지만 익숙한 얼굴을 대하듯 무심하게 흘려보내는 것이 우리 버릇이다. 흘러간 시간은 다시는 돌아오지 않는다고 말해도 그저 고개만 끄덕일 뿐, 그 시간이 우리에게 열어 보이는 새로운 삶의 가능성에 주목하지 않는다.

문제는 익숙해지는 것이다. 익숙해진다는 것은 더 이상 긴장도 변화도 일어나기 어려운 상태를 말한다. 타성에 빠지는 순간 변화를 싫어하게 된다. 타성이란 오래되어 굳어진 좋지 않은 버릇을 뜻하지만, '게으름' '소홀히 함' '업신여김'이라는 뜻이 그 속에 무늬처럼 새겨져 있는 말이다. 교회 전통이 말하는 일곱 가지 근본적 죄 가운데 하나가 '나태'이다. 나태는 새로운 것을 시도할 생각을 품지 않는 것, 지금 이 순간을 살지 못하는 것, 시간의 권태에 떠밀리며 사는 것을 가리킨다. 나태는 선물처럼 다가오는 시간을 순식간에 낡게 만들거나 삼켜버리는 영혼의 심연이다.

소설가인 줌파 라히리(Jhumpa Lahiri)는 어느 날 자기가 타성에 빠졌다는 사실을 알아차렸다. 그래서 모어인 영어가 아닌 이탈리아어로 글을 써봐야겠다고 작정한다. 무모한 결심이었지만 그는 차근차근 이탈리아어를 배워나갔다. 그는 새로운 언어를 배우고 거기에 빠져드는 것을 호수를 건너는 일에 빗대 설명한다. 호수의 이쪽 가장자리에서만 빙빙 돌며 헤엄을 치면 안전하기는 하겠지만, 결코 건너편에 당도할 수 없다는 것이다. 기슭을 떠나 호수를 가로지르는 용기를 내지 않으면 호수를 건널 수 없다. 결국 그는 이탈리아어로 몇 권의 책을 냈다.

타성을 깨뜨리기 위해 작가가 선택한 고육지책이었지만, 그의 도전은 신앙인들에게도 깊은 영감을 준다. 찬송가 302장의 가사가 절묘하다. 찬송 시인은 큰 바다보다 깊은 하나님의 은혜의 세계로 나아가자고 신도들을 초대한다. 그러면서 작은 파도 앞에서 주춤거리는 우리들의 모습을 적나라하게 담아낸다. "많은 사람이 얕은 물가에서 저 큰 바다 가려다가/찰싹거리는 작은 파도 보고 마음 약하여 못 가네." 지금 우리도 얕은 물가에서 땅을 짚고 헤엄치는 흉내나 내고 있는 것은 아닌지 모르겠다. 깊이를 알 수 없는 바다, 풍랑이 예기되는 바다에 대한 두려움 때문에 우리는 언덕을 떠나지 못한 채 바다에 대한 노래만 부른다. 땅 위에 서서 는적거리는* 동안 새로운 삶의 가능성은 점점 멀어져 간다.

신앙의 길, 그것은 자기 확장의 길이 아니라 자기 부정의 길이다. 그렇기에 가시적인 성과에 집착하는 이들에게는 매력이 없는 길이다. 믿음이란 바라는 것들을 실현하는 것이고, 남이 보지 못하는 것을 꿰뚫어보는 것이라지 않던가. 사람들이 계곡의 얼음을 보며 봄이 아직 멀었다고 말할 때 얼음장 밑으로 흐르는 눈석임물을 보며 봄이 멀지 않음을 알아차리는 사람이 신앙인이다. 미국의 위대한 교사라고 일컬어지는 파커 파머(Parker J. Palmer)는 《일과 창조의 영성》(아바서원)이라는 책에서 우리가 부름받은 일은 '실적'으로 평가되기 어려운 일이라고 말한다. "다른 이들을 사랑하는 일, 불의에 대항하는 일, 슬픈 자를 위로하는 일, 전쟁을 끝내는 일과 같은 것"이 그것이다. 그는 측정 가능한 결과를 기준으로 하여 평가한다면 이런 일은 오직 패배와 절망뿐일 거라고 솔직하게 말한다.

좋은 세상 만들기 위해 노력하는 사람들도 가끔은 지치고 낙심한다. 아무리 애써보아도 세상은 달라지지 않는다고 쓸쓸한 목소리로 말한다. 하지만 마음을 안추르고 다시 무모한 도전을 시작해야 한다. 그것이 시간을 선물로 주신 분에 대한 예의이다. 파커 파머도 가끔 결과가 눈에 띄지 않을 때 실망에 빠지곤 했던 것 같다. 그러나 친구의 말이 그를 다시 일으켜 세웠다. "나는 얼마나 실적을 올리고 있는지 자문한 적이 한 번도 없고, 내가 신실한지 여부만 물어왔다." 우리 내면에 세상의 어떤 어둠으로도 지울 수 없는 빛이 스며들면 좋겠다.

머무름 넷

마더 테레사는 "위대한 일은 없다.
오직 작은 일들만 있을 뿐이다.
그걸 위대한 사랑으로 하면 된다"고 말했다.
리더들에게 필요한 것은 이런 성실함과 신실함이다.

성경의 인물들은 자기를 신뢰할 수 없었기에
철저히 하나님을 신뢰할 수밖에 없었다.
이 어려운 시대에 리더로 세워진 이들에게서
타오르는 하나님의 불꽃을 볼 수 있으면 좋겠다.

어떤 씨앗을 뿌리고 있는가

입춘에서 우수로 가는 길목이 되면, 물오른 나뭇가지가 슬몃슬몃 초록빛을 내비친다. 불안과 두려움이 스멀스멀 우리 영혼을 잠식하지만 어김없이 찾아오는 봄이 고맙다. 부지런한 농부들은 해동머리에 웃자랄지 모를 밀과 보리를 밟아주고 웃거름도 뿌려주느라 분주할 때다. 거름도 준비하고 씨앗도 골라야 한다. 자연의 리듬에 순응하며 사는 이들은 성실하다. 그 성실함이 세상을 지탱하는 토대인지도 모르겠다. 농작물은 주인의 발소리를 듣고 자란다는 말이 빈말은 아닌 것 같다.

'심은 대로 거둔다'는 말은 자연의 이법에 기댄 말이지만 실은 삶의 은유이다. 사람은 누구나 씨를 뿌리며 산다. 누군가의 가슴에 희망을 심는 사람이 있는가 하면 절망을 심는 이들도 있다. 감사와 순수와 기쁨을 심는 이들도 있지만, 원망과 오욕과 혐오를 심는 이들도 있다. 주변을 둘러보며 한숨을 내쉴 때가 많다. 화려한 도시의 불빛 아래 엉겅퀴와 가시나무가 빼곡하게 자라고 있는 것처럼 보이기 때문이다. 친절하고 유쾌하고 숫된* 얼굴을 만나기 어렵다. 프랑스 조각가 자코메티의 '광장'이 떠오른다. 앙상한 뼈대만으로 표현된 인물들이 어딘가를 향해 걷고 있다. 그들은 걷고 있지만 서로를 향하지는 않는다. 불안과 외로움이 인물과 인물 사이를 채우고 있다. 볼륨을 상실한 그들의 표정조차 알 수 없다. 지금의 현실이라 하여 다르지 않다. 마음속 구름을 닦고 티 없이 맑은 영원의 하늘을 보는 사람이 그립다. 그들은 존재 그 자체로, 절망의 심연으로 끌려 들어가지 않도록 우리 손을 잡아주는 사람일 테니 말이다.

모스크바에 사람들이 '장군'이라 부르는 한 노인이

살았다. 그는 한평생 유형지와 감옥에 갇힌 이들을 돌보며 살았다. 노인은 유형수들을 만날 때마다 일일이 멈춰 서서 필요한 것이 무엇인지를 물어보곤 했다. 아무에게도 훈시 따위는 하지 않았다. 모든 죄수들을 '다정한 친구'라고 부르면서, 필요에 따라 돈을 주기도 하고 생필품을 가져다주기도 했다. 이따금은 성경책을 가져갔다. 글을 깨우친 죄수들이 유형 길에 그것을 읽을 것이고, 글을 모르는 동료들에게도 읽어줄 것이라고 확신했기 때문이었다. 죄수에게 무슨 죄를 지었느냐고 물어보는 경우는 없었고, 죄수가 자기 죄에 대해 먼저 말을 꺼낼 때에만 들어주었다. 그는 죄수들을 친구라고 불렀지만 죄수들은 그를 아버지처럼 대했다. 시베리아의 거의 모든 죄수들이 그 장군을 기억했다. 그 가운데는 열두 명의 어른을 살해하고 여섯 명의 아이를 죽인 살인자가 있었다. 20년을 그곳에서 지내던 그는 어느 날 갑자기 한숨을 내쉬며 "지금도 그 장군 할아버지가 살아 있을까?"라고 말했다. 그 이야기를 들려주던 사람이 문득 궁금하다는 듯이 마주 앉은 이에게 물었다. "그 흉악범이 20년 동안 잊지 못했던 장군 할아버지가 그자의 영혼에 어떤 씨앗을 영원히 뿌려놓았는지 자네는 알겠는가?"

이 이야기는 도스토예프스키(Fyodor Dostoevsky)의 《백치》에 나오는 에피소드이다. 도스토예프스키는 누군가에게 자선과 선행을 베푼다는 것은 우리 개성의 일부를 타인에게 내주는 동시에 타인의 개성의 일부를 받아들이는 것이라고 말한다. 의식하든 의식하지 못하든, 우리가 누군가의 가슴에 심어준 씨앗들은 어딘가에서 발아하여 형체를 얻고 자라고 있다. 오늘 우리의 모습 또한 누군가가 우리 속에 심어준 씨앗들이 형태를 갖춘 것이라 할 수 있겠다.

방송과 뉴스, SNS상에서 수많은 말들이 쏟아지는 세상이다. 홍수에 떠밀려온 부유물을 바라보는 것처럼 마음이 스산하다. 참과 거짓을 가릴 수 있는 분별력을 갖춰야 한다. 어지러운 말들의 소용돌이에 휘말리지 않으면서 검질기게* 생명과 평화의 씨를 뿌리는 이들이 있어 세상은 푸름을 유지한다. 시인 반칠환은 "봄이 꽃나무를 열어젖힌 게 아니라/두근거리는 가슴이 봄을 열어젖혔구나"라고 노래한다("두근거려보니 알겠다"에서). 인생의 봄은 저절로 오지 않는다. 두근거림을 타고 온다.

누군가의 품이 되어준다는 것

세상에서 제일 슬픈 일 가운데 하나는 아름다운 것을 추하게 소비하는 것이 아닐까? 누군가의 이름이 발화되는 순간 그 소리를 듣는 이들의 마음에는 다양한 이미지와 상념들이 떠오르게 마련이다. 그 이름을 듣는 순간 저절로 얼굴에 미소를 머금게 되고 마음이 시원해지는 이름이 있는가 하면, 오싹한 불쾌감을 자아내는 이름도 있다. 어떤 이름도 텅 빈 기표가 아니다. 이름을 부른다는 것은 그 대상과 인격적으로 연루되어 있음을 의미한다. 교도소나 수용소에 갇힌 이들이 이름이 아니라 번호로 호명되는 까닭은 그 얽힘을 배제하기 위한 것이다. 이름을 부른다는 것은 그와 내가 더 이상 무관한 존재가 아님을 나타낸다.

예수님의 무덤을 찾았던 마리아는 "여자여, 왜 울고 있느냐? 누구를 찾느냐?"는 질문을 듣고도 부활하신 주님을 알아보지 못했다. 그런데 예수님이 "마리아야!" 하고 부르시는 즉시 그분이 누구인지 알아차렸다. 그 호명 행위에 깃든 어조와 정서는 부정할 수 없는 한 영혼의 지문이었던 것이다. 우크라이나 대통령 부인인 올레나 젤렌스키는 러시아 침공으로 죽은 아이들의 이름 하나하나를 호명함으로 전쟁의 참상을 폭로했다. 비정한 세상은 희생당한 사람들을 숫자로 환원시킴으로써 고통을 추상화하려 한다. 그러나 사람은 어떤 경우에도 통계숫자로 환원될 수 없다. 세상에 존재하는 모든 이들은 대체 불가능한 소우주이기 때문이다.

그럼 기독교인 혹은 개신교인이라는 이름이 발화될 때 교회 밖 사람들의 마음에 어떤 파동이 일어날까? 개신교를 향한 세상의 시선이 따갑다. 조롱과 혐오의 말들이 서슴없이 퍼부어지고 있다. 왜 이 지경이 되었을까? 예수의 이름을 오용했기 때문이 아닐까? 예수님은 세상이 만든 차별과 배제의 장벽을 허물어 사람들이 서로 만나고 소통하고 함께 생을 경축하도록 이끄셨건만, 이 땅의 교회는 오히려 장벽을 높이 세우고 있는 것이 아닌가 싶다. 교회는 품이 넓어야 한다. 예수라는 아름다운 이름이 오히려 배제와 혐오의 기제가 되어서는 안 된다.

박남준 시인은 "아름다운 관계"라는 시에서 바위 위에서 자라고 있는 소나무 한 그루에 주목한다. 그 소나무가 뿌리를 내린 바위는 이전에는 이끼조차 살 수 없었고 아무것도 키울 수 없는 불모의 바위였다. 작은 풀씨들이 날아와 잠시 싹을 틔우기도 했지만 이내 말라버리고 말았다. 그런데 그 바위에 소나무가 우뚝 섰다. 어찌된 일일까? 세월이 흐르고 흐르는 동안 돌이 늙어 품이 넓어졌기 때문이었다. 바람에 날아온 솔씨 하나가 이끼와 마른 풀들 사이에 떨어져 안기자 바위는 그 작은 것을 키우기 위해 애를 썼다. "비가 오면 바위는 조금이라도 더 빗물을 받으려/굳은 몸을 안타깝게 이리저리 틀었지/사랑이었지 가득 찬 마음으로 일어나는 사랑." 자기 품에 안긴 생명을 키우기 위한 바위의 안간힘, 얼마나 놀라운 비전인가. 그 사랑으로 바위는 소나무를 키웠고, 소나무는 마침내 푸른 그늘을 드리웠고, 새들을 불러 노래하게 했다. 솔잎을 스치는 바람소리는 강물이 흐르는 소리처럼 들렸다. 시인은 자신에게 묻는다. "뒤돌아본다/산다는 일이 그런 것이라면/삶의 어느 굽이에 나, 풀꽃 한 포기를 위해/몸의 한편 내어준 적 있었는가 피워본 적 있었던가."

몸의 한편을 열어 누군가의 품이 되어준다는 것, 이보다 더 거룩한 일이 또 있을까? 수고하고 무거운 짐 진 자들을 부르신 분의 삶이 이러하지 않았는가? 성령강림 이후 제자들은 '그 이름'으로 말하기 시작했다. '그 이름'으로 나면서부터 걷지 못하던 사람을 일으켜 세웠고, 욕망의 포로가 되어 살던 이들을 해방시켜 다른 이들과 덩더꿍 자유의 춤을 출 줄 아는 이들로 만들었다. 굳은 몸을 이리저리 틀어 소나무가 자랄 틈을 만들어준 그 늙은 바위를 생각한다. 교회의 품이 넓어져야 한다.

땅을 거룩하게 하라는 소명

유대인들에게 전해 내려오는 솔로몬에 관한 이야기가 있다. 그는 여기저기에 많은 궁궐과 성을 지었지만 아직 성전을 짓지 못하고 있었다. 성전을 지을 만한 땅을 찾으려고 백방으로 노력했지만 찾지 못했다. 어느 날 밤에도 솔로몬은 '성전을 짓기에 가장 알맞은 장소가 어딘지 어떻게 알 수 있을까' 고민하며 잠을 이루지 못했다. 그래서 슬그머니 궁궐을 빠져나와 언덕길을 따라 걷기 시작했다. 혹시 좋은 생각이 날지도 몰랐기 때문이다. 어느덧 그는 모리아 산에 이르게 되었고, 거기에 있는 커다란 올리브 나무에 기대 눈을 감았다.

그동안 둘러보았던 아름다운 땅들을 머리에 떠올리고 있는데 문득 발자국 소리가 들렸다. 그는 소리 나는 쪽으로 고개를 돌린 채 무슨 일이 벌어지나 지켜보았다. 어둠 속에서 어떤 사람이 나타나더니 이쪽 밭에서 저쪽 밭으로 밀 짚단을 옮겨놓고 있었다. 직감적으로 도둑이구나 싶어 그를 어떻게 처벌할지 고민하고 있는데, 잠시 후에 다른 사람이 나타나 이번에는 저쪽 밭에서 이쪽 밭으로 밀 짚단을 옮기기 시작했다. 도둑이 다른 도둑의 것을 훔치는 격이었다.

다음 날 아침 그 밭의 주인들을 소환한 솔로몬은 그들이 친형제라는 사실을 알게 되었다. 왕은 먼저 동생을 불러내 어찌된 일인가 물었다. 그러자 그는 이렇게 대답했다. "형님과 저는 아버지로부터 똑같은 재산을 상속받았는데, 형님은 아내와 세 명의 자식이 있고 저는 혼자 몸입니다. 그러니 형님은 저보다 식량이 더 많이 필요한데도 저한테서 단 한 톨도 가져가려 하지 않았습니다. 그래서 이렇게 밤중에 밀 짚단을 옮겼던 것입니다." 왕은 동생을 내보내고

형을 불렀다. 형의 말은 이랬다. "나는 가족들이 여럿 있기에 농사를 짓는 데 큰 어려움이 없지만, 동생은 혼자 몸이라 농사를 지으려면 많은 사람을 고용해야 하니 곡식이 많이 필요합니다. 그런데 통 나의 도움을 받으려고 하지 않아서 할 수 없이 그렇게 했습니다." 놀라운 우애였다. 왕은 두 형제를 함께 불러 그들을 껴안고는 말했다. "그 밭을 나에게 팔지 않겠느냐? 너희들이 이미 돈독한 형제애로 그 땅을 신성하게 했기 때문에 나는 거기에다 하나님의 성전을 짓고 싶구나. 그보다 더 가치 있는 곳은 없을 것이며, 그보다 더 건전한 초석을 가질 수는 없을 것이다."

이 이야기는 성전 혹은 교회의 기초가 무엇이어야 하는지를 보여준다. 입지 조건, 투자 가치, 발전 가능성이 아니다. 땅을 신성하게 하는 것이야말로 교회의 존재 이유이다. 토라는 언약 백성이 살고 있는 곳이 하나님이 머무시는 땅이라고 선언한다. 그 땅은 무고한 이들의 피가 흐르지 말아야 하고, 억압받는 이들의 한숨이 스며들지도 말아야 한다. 땅의 주인은 하나님이시기 때문이다. 수없이 많은 네온 십자가가 도시의 밤을 밝히지만 우리가 살고 있는 세상은 여전히 또 다른 의미의 애굽이다. 억울한 이들의 신음소리가 도처에서 들려온다. 경제 논리가 생명의 논리를 압도하고 있는 형국이다. 생산성을 높이고 인건비를 줄이는 일에 집중하는 순간 노동자들은 위험에 노출되게 마련이다. 위험은 외주화하고 이익은 독점하려는 자본의 욕망 뒤에서 공중의 권세를 잡은 자가 웃고 있다.

저마다 자기 욕망을 실현하기 위해 경쟁하는 사람들이 그런대로 질서를 유지하며 사는 것은 사회적 계약 덕분이다. 계약의 핵심은 이익이다. 이익이 없다고 여길 때 계약은 무효화된다. 계약의 토대 위에 세워진 세상을 지배하는 원리는 경쟁이고, 경쟁은 늘 승자와 패자를 낳는다. 승자는 이익을 독점하고 패자는 원망을 내면화하고 산다. 불안과 긴장이 야기될 수밖에 없다.

성경은 계약이 아닌 언약에 근거한 세상을 그려 보인다. 언약 공동체의 핵심은 이익이 아니라 관계이다. 여기서 중요한 것은 '나'가 아니라 '우리'이다. 개별적 존재인 '나'를 '우리'로 묶어주시는 분은 하나님이다. 언약에 참여하는 이들은 공유된 비전에 의해 움직이고, 서로에 대해 책임을 다한다. 교회가 사랑과 우애라는 기초 위에 우뚝 설 때 세상을 밝히는 빛이 될 수 있지 않을까?

예수는 지금도 이 척박한 현실 속에서
갈보리 언덕을 오르고 있다.
배반하는 이들조차 포기하지 않는 사랑 때문에.
승리에의 욕망을 내려놓았기에,
기꺼이 자신을 세상을 위한 선물로 내줄 수 있었다.
가슴 벅찬 부활의 노래를 부르기 전,
십자가의 길 위에 서 있는지 스스로 돌아볼 일이다.

폐허를 딛고 일어서는 사람들

상황이 암담할 때면 사람들은 문제의 크기에 압도되게 마련이다. 살다보면 자기 힘으로 해결할 수 없는 큰 문제에 직면할 때가 있다. 거대한 바위가 길을 막고 있을 때 사람들은 그 바위를 움직이는 것이 불가능하다고 지레 판단한다. 그 큰 바위를 움직일 수는 없지만 그 바위를 잘게 쪼개어 제거할 수는 있다. 일단 할 수 있는 일부터 시작하면 된다. 노벨 문학상 수상작가인 튀르키예의 오르한 파묵

(Orhan Pamuk)은 자기의 소설 쓰기를 가리켜 '바늘로 우물 파기'라 했다. 말도 안 되는 것처럼 보이지만 그런 열정과 인내가 있기에 그는 진실에 접근할 수 있었던 것이다. 마부작침(磨斧作針), 도끼를 갈아 바늘을 만든다는 말이다. 세상에 희망을 만드는 사람들은 이처럼 어처구니없어 보이는 일 속에 뛰어든 사람들이다.

폴란드 시인 아담 자가예프스키(Adam Zagajewski)는 "신세계"라는 시에서 현실을 면밀히 살핀 후에 이렇게 말한다. "모든 일이 일어날 수 있다/정상적인 것들은 가장 짧게 지속되고/비정상적인 것들을 이해하기는 너무 쉽고/순응하기는 더욱더 쉽다/그 쉬움이 너를 안심시키지 말기를." 사람들은 쉽게 현실에 순응한다. 비정상을 정상으로 알고 산다. 순응 혹은 적응은 지혜가 아니라 비겁이다. 그러나 믿음의 사람들은 지금 이 자리에서 새로운 세상을 시작해야 한다. 믿음의 반대말은 불신이 아니라 염려와 근심 그리고 체념이 아니던가?

북촌갤러리에서 열렸던 "시리아愛봄" 사진전이 떠오른다. 내전으로 모든 것이 파괴된 시리아의 상황을 알리기 위한 전시였다. 포연이 피어오르고 있는 마을, 건물의 잔해에서 구출된 아이를 품에 안고 달리는 사람들, 아비규환의 상황에 내몰려 안전한 곳으로 탈출하려는 사람들의 물결 등이 사태의 심각성을 보여주었다.

그러나 그런 가운데서도 조용히 희망을 만드는 이들이 있었다. 흰색 헬멧을 쓰고 시리아군의 공격으로 파괴된 현장에 출동해서 긴급 구조 활동을 하는 사람들이었다. 그들은 위험을 무릅쓰고 그 일에 뛰어들었다. 흰색 헬멧은 그 땅에서 시작되는 희망의 상징이다. 튀르키예와의 국경지대 인근에 세워진 난민 캠프도 볼 수 있었다. 직접 사진을 찍기도 하고 또 다른 이의 사진을 선정하기도 한 압둘와합은 참혹한 느낌을 자아내는 사진은 일부러 배제했다고 말했다.

헬프시리아가 준비한 구호물품을 가지고 그곳을 찾은 압둘와합에게, 난민들은 먹을 것과 입을 것도 필요하지만 자기들에게 정말 필요한 것은 아이들을 가르칠 수 있는 학교라며 학교를 세워달라고 부탁했다. 아이들을 교육하는 것은 미래를 위해 파종하는 일이기 때문이다. 감당하기 어려운 청이었지만 꼭 해야만 할 일이었다. 그래서 학교 세우기 프로젝트가 시작되었다. 1년 안에 완공하는 것을 목표로 삼았다. 그런데 난민촌에 살고 있는 인부들은 학교를

3개월 만에 지었다. 자기 아이들을 위한 시설이기에 24시간 3교대로 일했던 것이다. 난감한 상황에서도 해맑은 표정을 짓고 있는 아이들의 모습을 보니 안쓰럽기도 하고 고맙기도 했다. 그들은 비록 난민촌에 살고 있지만, 서로 돌보며 살았던 기억 그리고 그곳에서 배웠던 소중한 가르침을 통해 더 나은 삶을 꿈꾸게 될 것이다.

폐허 더미를 치우며 희망의 밭을 가꾸는 사람들의 모습은 아름답다. 사람은 보람을 먹고 사는 존재이다. 보람은 영적 존재인 인간의 일용할 양식이다. 지금 우리 사회는 심각할 정도로 분열되어 신뢰의 위기가 심화되고 있다. 서로 다른 진영에 선 사람들은 자기와 입장이 다른 사람들의 말을 들으려고 하지 않는다. 적대적인 말, 냉소하는 말, 비아냥거리는 말들이 세상을 가득 채우고 있다. 말과 감정의 찌꺼기들이 켜켜이 쌓여 앞으로 나아갈 수 없는 지경에 이르렀다. 바로 그 자리야말로 우리가 새로운 세상을 시작해야 하는 자리이다. 흰색 헬멧이 시리아 난민들의 희망이듯이, 하나님을 믿는 이들은 새로운 세상의 단초가 되어야 한다. 참 빛은 혼돈과 공허와 흑암의 현실을 뚫고 솟아오르는 법이다.

환대의 공간으로 바꾸는 일

1부

평택에 있는 한 빵공장에서 청년 노동자 한 사람이 야간작업 중 소스 배합기에 끼어 숨지는 일이 일어났었다. 그 사고 일주일 전에도 똑같은 끼임 사고가 있었다는데 회사는 대수롭지 않게 여겨 안전 조치를 취하지 않았다. 감당하지 못할 만큼 비용이 많이 드는 일도 아니었다. 노동자의 안전을 외면한 경제적 이익 추구는 비극의 씨를 내포하고 있다. 돈을 벌어 자그마한 가게를 내고 싶었던 한 소중한 청년 노동자의 꿈은 그렇게 무너졌다. 더욱더 참담한 소식이 들려왔다. 그 억울한 피가 아직 마르기도 전에 사측은 그 기계를 흰색 천으로 가리고 다른 노동자들에게 작업을 계속하게 했다 한다. 애도의 시간은 허용되지 않았다. 하나님은 억울하게 죽임을 당한 아벨의 피가 땅에서 외치는 소리를 들으셨다. 그러나 이 무정한 세상은 기계가 돌아가는 굉음으로 그 피의 하소연을 숨기려 한다.

경제적 이익이 인간적 존엄을 압도할 때 세상은 디스토피아(dystopia)로 변한다. 디스토피아 주민들의 특색은 무정함이다. 타자의 고통은 주목되지 않고, 약자들의 신음은 경청되지 않는다. 욕망에 취한 이들에게 사회적 약자들은 불편하거나 외면해야 할 대상일 뿐이다. 제레미 리프킨(Jeremy Rifkin)은 인간의 역사를 공감의 확대 과정이라 말했다. 그 말이 딱히 그른 것은 아니지만 오늘 우리의 현실을 보면 그런 주장을 의심하지 않을 수 없다. 타자가 처한 상황을 이해하는 인지적 공감도, 타자가 느끼는 감정이나 고통을 예민하게 알아차리고 함께 아파하는 정서적 공감도 작동하지 않는 것처럼 보이기 때문이다. 무정한 마음이 공감의 자리를 대신 차지할 때 세상은 냉혹하게 변한다.

타자에 대한 적대감이 일상이 될 때 우리는 세상을 고향으로 인식하지 못한다. 불안이 스멀스멀 우리 영혼을 잠식할 때 진정한 안식은 불가능해진다.

적대적 공간을 환대의 공간으로 바꾸는 일이야말로 '나를 따르라'는 부르심에 응답한 이들의 소명이다. 김기림은 "바다와 나비"라는 시에서 "아무도 그에게 수심(水深)을 일러준 일이 없기에/흰나비는 도무지 바다가 무섭지 않다"고 노래했다. "자기들의 수치를 거품처럼 뿜어 올리는 거친 바다 물결"(유 1:13)이 세상을 뒤덮는 것처럼 보여도 세상 어딘가에는 아름다움의 공간을 열기 위해 분투하는 이들이 있다. 이들이 물결 위를 가볍게 날아오르는 흰나비처럼 살 수 있는 것은, 세상의 어둠과 절망의 깊이를 몰라서가 아니라 희망이 더 근원적이라 믿기 때문이다.

미국 필라델피아에서 범죄율이 가장 높은 마을에 살면서 희망의 씨앗을 심는 이가 있다. 이태후 목사이다. 그는 마약 거래가 다반사로 이루어지고 총격 사건도 빈번하게 일어나는 그곳, 누구라도 피하고 싶은 그곳에 들어가 아무런 희망도 없이 살아가는 이들의 좋은 이웃이 되고자 했다. 그곳이야말로 땅끝이라 여겼기 때문이다. 처음에 이웃들은 의혹의 눈으로 그를 바라보았다. 곁을 내주려는 이도 없었다. 그러나 그는 몇 년 동안 오물이 지천으로 널린 마을길을 쓸고, 낯이 익은 주민들에게 화분을 선물했다. 이웃들은 그제야 조금씩 마음을 열기 시작했다. 그의 눈에 밟힌 것은 바람직한 삶의 모델을 찾지 못한 채 무기력하게 살아가는 어린이들이었다. 그래서 그들을 돌보는 캠프를 시작했다. 매년 여름 한 달씩 열리는 캠프를 통해 어린이들은 다양한 사람들과 만나고, 더 넓은 세상과 접속하면서 가슴에 꿈을 품기 시작했다. 그 작은 변화가 마을에 활력을 불어넣었다.

추수감사절 무렵이면, 이태후 목사는 칠면조와 칠면조 요리에 필요한 일체의 재료를 담은 바구니를 마련하여 캠프에 참여한 모든 어린이들의 집에 전달한다. 특정한 장소에 와서 받아가도록 하지 않는 것은 구호품이 아니라 사랑의 선물임을 알려주고 싶어서이다. 받는 이의 마음이 다치지 않도록 하려는 깊은 배려이다. 배려는 상대방의 입장에 서볼 때 비로소 가능해진다. 배려 받음의 경험은 우리 속에 있는 얼음을 녹이는 봄볕이다. 사회적 약자들을 따뜻하게 배려하는 것이야말로 누군가에게 고향을 선사하는 일이다. 그런 고향을 경험하는 이들이라야 다른 누군가의 고향이 될 수 있다. 무정한 세상을 다정함으로 녹이는 사람들이야말로 하늘에 속한 사람이 아닐까?

머무름 여섯

산다는 것은 응답하는 것이다.
신앙생활이란 어려움에 처한 이들의 이웃이 되라는 요구에
응답하는 과정이다. 그 요구에 응답하기 위해서는
스스로 편안한 자리를 떠나야 한다.
떠남은 위태로움을 받아들이는 것인 동시에,
새로운 가능성에 자기를 개방하는 것이다.

우리들의 삶의 이야기가
예수님이 시작하신 구원 이야기에 연결되어
공감과 이해, 환대와 수용, 경탄과 기쁨이 스며들 때
서름한* 삶이 푼푼해지지 않을까?

운명보다 강한 의지

삶의 무게에 짓눌려 일어서기조차 힘든 때가 있다. 더 이상 어떻게 해볼 도리가 없을 정도로 압도적인 크기의 문제에 직면할 때가 그러하다. 바뀌지 않는 상황 속에서 영문을 알 수 없는 무기력에 사로잡힐 때도 있다. 무의미 혹은 공허감은 텅 비어 아무것도 없는 것 같지만, 우리 마음을 심연으로 끌어내린다. 마음에도 무게가 있다는 증거이다. 칼 야스퍼스(Karl Jaspers)는 죽음이나 재난, 유한성의 자각 등 자기 힘으로 어떻게 해볼 수 없는 상태를 가리켜 한계상황이라 했다. 한계상황은 일종의 벼랑 끝 체험이다. 벼랑 끝에 선 사람은 그 자리에 철퍽 주저앉거나 실존적 도약을 감행할 수밖에 없다.

질서 정연하다 여기던 것들이 뒤죽박죽 뒤섞이고, 확실하다 믿었던 것들이 회의의 소용돌이 속으로 빨려 들어가고, 든든하다 생각하던 것들이 속절없이 흔들릴 때 우리는 어지러움증을 느낀다. 바야흐로 영혼의 어둔 밤이 도래한 것이다. 어떻게 살아야 할까?

1906년 4월 18일 오전 5시 12분, 샌프란시스코 대지진이 일어났다. 당시 스탠퍼드대학교 초대 학장이던 데이비드 스타 조던(David Starr Jordan)은 잠에서 깨어나 학교로 달려갔다. 학교가 입은 피해를 확인하고 필요한 조치를 취하는 것도 중요했지만, 그의 마음을 온통 사로잡은 것은 그가 동료들과 함께 30년 동안 모아온 물고기 표본들이었다. 현장에 도착했을 때 상황은 절망적이었다. 표본을 담아놓았던 유리병은 대부분 바닥에 떨어져 깨졌고, 표본들은 뭉개지거나 잘린 채 바닥에 널브러져 있었다. 참담한 상황이었다. 그보다 더 암담했던 것은 그가 학명을 부여했던 표본들의 이름표가 온통 뒤섞여버린 것이었다. 무엇을 어떻게 해야 할까? 혼돈이 지배하는 그 현장에서 그는 바늘을 꺼내 물고기 표본의 몸체에 이름표를 달아주기 시작했다. 광기처럼 보일 수도 있는 행동이었다. 동료 교수들은 남아있는 표본이 마르지 않도록 밤새 물을 뿌려주었다. 미국의 과학 전문기자 룰루 밀러(Lulu Miller)는《물고기는 존재하지 않는다》(곰출판)라는 책에서 이 놀라운 상황을 눈에 보일 듯 그려 보인다.

혼돈에 지배당하지 않겠다는 강한 의지는 얼마나 아름다운가? 반항적이었던 코린트의 왕 시시포스는 산정으로 커다란 돌을 밀어 올리는 벌을 신들로부터 받는다. 하지만 돌은 산정에 이르는 순간 다시 바닥까지 굴러 내린다. 시시포스는 다시 바닥으로 내려가 돌을 밀어 올려야 했다. 알베르 카뮈(Albert Camus)는 이것을 "아무것도 성취할 수 없는 일에 전 존재를 다 바쳐야 하는 형용할 수 없는 형벌"이라 규정하면서, 내려가는 길의 허망함에 굴복하지 않는 것이야말로 시시포스를 자신의 운명보다 우월하게 만든다고 말했다.

꺾이지 않는 마음은 숭고하지만 그 마음이 그릇된 방향으로 기울 수 있다는 게 문제라면 문제다. 집요할 정도로 자기 일에 몰두하던 데이비드 스타 조던은 자기가 확신하는 바를 이루기 위해 수단 방법을 가리지 않았다. 그는 자기 일에 방해가 되는 사람들을 제거했다는 합리적 의심을 받고 있다. 또 유럽에서 시작된 우생학을 받아들여 '사회의 부적합자'라 여겨지는 이들을 제거하려 했다. 지나친 자기 확신과 오만은 자웅동체이다. 차이를 인정하지 않는 마음에 슬며시 찾아드는 것이 폭력의 유혹이다. 누군가를 폭력적으로 동화시키려 할 때 생명은 질식하게 마련이다.

꺾이지 않는 마음의 검질김을 유지하면서도 겸손함을 가질 수 있을까? 우리에게는 아름다운 모델이 있다. 예수님은 당시 성전 체제에 기대 누릴 것을 다 누리고 살던 이들의 몰이해와 불신 가운데 사셨지만, 고통과 소외 속에 살던 이들을 향한 사랑을 단 한 순간도 포기하지 않으셨다. 자기 확신을 관철하기 위해 사람들을 타자화하는 것은 예수 정신과 무관하다. 각 사람이 자기답게 살아갈 수 있도록 하기 위해 죽음까지도 마다하지 않는 그 마음이야말로 꺾이지 않는 마음이다. 부활은 그 마음이 불멸임을 보여주는 징표다. "담대하라 내가 세상을 이기었노라" 하신 말씀을 붙들고 혼돈과 공허의 어둠을 뚫고 나아가야 한다.

다시 희망의 노래를 부를 때

비극은 불시에 찾아와 평온한 일상을 뒤흔들어 놓는다. 굳건하리라 여겼던 터전이 흔들릴 때 무너지는 것은 건물만이 아니다. 인간에 대한 근거 없는 낙관론도 무너지고 사람들이 구별을 위해 세워놓은 장벽들도 무너진다. 재난이 닥쳐오면 과거와 미래는 사라지고 견뎌야 할 현재만이 도드라진다. 스스로 삶을 통제할 수 있다는 오만도 무너지고, 더 나은 삶을 위해 세웠던 계획도 모두 중단된다. 재난 앞에서 인간은 자기가 얼마나 미소한 존재인지를 자각한다.

2023년 2월 튀르키예와 시리아를 뒤흔든 진도 7.8의 지진으로 5만 명 이상이 희생되었다. 잔해에 갇힌 채 숨진 열다섯 살 딸의 손을 꼭 잡고 허공으로 텅 빈 시선을 던지던 아버지의 모습을 담은 사진은 이 재난의 비극성을 고스란히 보여주었다. 2011년 동일본 지진이 발생하여 수많은 사람들이 죽었을 때, 한 일본 작가는 그 사건은 수많은 사람이 죽은 단일한 사건이 아니라 수만 명의 개별적인 존재가 죽은 수만 개의 사건이라 말했다.

정말 그렇다. 사람들은 어떤 경우에도 숫자로 환원될 수 없다. 숫자로 환원되는 순간 개별적 존재로서의 삶의 서사가 사라진다. 숫자는 슬픔의 깊이를 드러내지 못한다. 재난의 책임을 져야 하는 이들은 희생된 이들의 이름이 호명되는 것을 두려워한다. 이름들이 환기시키는 사건의 비극성을 숨기고 싶기 때문이다. 각종 사고로 죽어간 이들의 이름을 공적으로 호명하는 행위는 무정한 세상에 대한 가장 강력한 저항이다.

미국의 작가 레베카 솔닛(Rebecca Solnit)은 '대재난 속에서 피어나는 혁명적 공동체에 대한 정치사회적 탐사'라는 부제가 붙은 책《이 폐허를 응시하라》(펜타그램)에서 대재난이 지금과는 다른 사회의 가능성을 열어줄 수 있다고 말한다. 재난이 초래한 혼돈은 사람들의 공포심을 자극하여 그들 속에 있는 부정적 가능성을 발현시키기도 하지만, 거꾸로 가장 아름다운 가능성을 이끌어내기도 한다. 레베카 솔닛은 재난 연구를 통해 "인간은 자신에게 많은 것이 요구될 때 최선의 상태가 되기도 한다"며 "자연이 한번 손을 대면 전 세계가 친구가 된다"고 말한다. 대형 재난은 종교·국가·이념·빈부의 차이를 무화시킴으로써 우리 속에 잠들어 있던 순수한 인류애를 자극한다.

통제하기 어려운 비극적인 사건이 벌어질 때마다 우리가 먼저 던져야 할 질문은 "왜 이런 일이 일어나는가?"가 아니라 "지금 우리가 해야 할 일은 무엇인가?"이다. 재난을 더욱 크게 만든 요인이 무엇인지에 대한 성찰과 분석은 꼭 필요하다. 하지만 지금은 폐허를 딛고 일어서야 할 사람들의 설 땅이 되어주어야 할 때이다. 혼돈과 공허와 흑암과 심연 앞에서 어찌할 바를 몰라 당황하는 이들의 품이 되어주려는 이들은 그 존재 자체로 세상의 빛이다.

우주탐사선 보이저2호가 카메라 방향을 돌려 우주

공간 속에 떠있는 지구를 찍고 그 사진을 보내왔을 때 사람들은 경이감에 사로잡혔다. 저 창백한 푸른 점이야말로 우리 모두의 고향이라는 자각이 드는 순간, 나라와 나라, 사람과 사람 사이를 가르던 차이는 사소한 것이 되고 말았다. 믿음의 사람들은 분쟁과 갈등을 숙명으로 받아들이지 않는다. 다른 세상을 꿈꾸는 것이 아니라면 믿음이 무슨 소용이란 말인가. 튀르키예와 시리아에서 재난을 당한 이들은 우리들이 어떤 사람인지를 묻는 기호로 우리 앞에 서 있다.

바빌로니아에 포로로 잡혀가 온갖 수모를 당하던 이스라엘 사람들은 숙명론에 매몰되기를 거부했다. 그들은 멸시와 천대를 받으면서도 모든 인간은 하나님의 형상이라고 선언함으로써 강고한 신분사회에 틈을 만들었다. 그들은 사회적 약자로서의 비애만 곱씹으며 애상의 노래를 부르지 않았다. 세상의 허물과 모순, 온갖 더러움과 설움을 자기 몸으로 받아들여 정화한 고난받는 종의 노래를 불렀다. 그들은 가장 힘겨운 시간에 오히려 인간 정신의 숭고함을 드러냈다. 지금이야말로 생명과 평화의 노래를 불러야 할 때이다.

우리 속에는 우리를 지배하는 다른 신이 있다.
자기를 크게 여기는 마음이다.
자기 찬미는 일종의 우상숭배이다.
다른 어떤 유혹보다 매혹적이기에 더욱 위험하다.

가끔은 흔들려도 괜찮다.
다만 흔들리면서 지향을 잃지는 말아야 한다.
흔들리면서 정북을 가리키는 나침반처럼,
우리는 푯대이신 분을 가리켜 보이는 사람임을
잊지 말아야 한다.

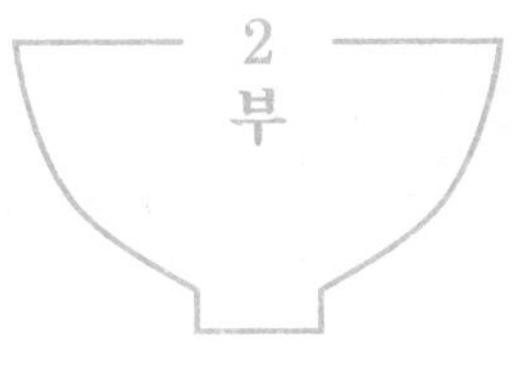

환대의 삶을 향해

그늘은 아늑한 숲이 되고

생과 사의 경계선을 상정하고 살지만 삶은 언제나 그러한 인간의 가정을 배신하곤 한다. 느닷없이 닥쳐온 별리의 아픔에서 좀처럼 헤어나지 못하는 사람이 삶의 의미를 물어올 때면 그저 가슴만 먹먹해진다. 나 홀로 버려진 것 같은 쓸쓸함, 분주하게 살고는 있지만 실상은 지향을 잃고 맴돌고 있다는 자각이 찾아올 때면 돌연 세상은 낯선 곳으로 변하고 만다. 자신의 존재를 문제로 파악하는 인간은, 부여받은 삶의 언저리를 맴돌며 의미와 무의미 사이를 바장인다. 다른 이들은 다 자기 삶에 어떤 형태로든 의미를 부여하며 사는데, 홀로 무의미의 심연으로 끌려 들어가는 것 같은 아뜩함을 호소하는 이들을 만날 때마다 지성의 무력감을 느끼지 않을 수 없다. 해답 없는 삶을 사는 것이 인생이라지만, 그런 말이 슬픔의 심연 앞에서 어지러움을 느끼는 이에게 무슨 위로가 될까.

사람들은 저마다 자기 속에 그늘을 품고 산다. 그늘은 실패와 절망, 슬픔과 허무가 갈마들며* 우리 내면에 남긴 흔적이다. 그늘이 짙어 다른 이들까지 그 속으로 끌어들이는 이들이 있다. 음습한 곳에 자라는 버섯의 포자처럼 그들은 우울과 분노를 주변에 퍼뜨린다. 반면 그늘을 안으로 삭혀 으늑한* 공간으로 빚어내는 이들도 있다. 그들은 내밀한 상처를 안고 다가오는 이들에게 잠시 쉬어갈 공간을 내준다. 그곳에서는 울어도 되고, 한숨 자도 된다. 그늘이 아늑한 숲이 될 수도 있는 것이다.

가장 분주한 시간을 보내면서도 삶이 권태롭다는 생각이 들 때가 있다. 권태는 삶의 깊은 곳을 응시하지 못할 때 발생한다. 권태에 사로잡힌 사람은 자기 속으로 침강

할 뿐, 외부 세계와의 교류를 한사코 회피한다. 분초 단위로 분절된 시간을 살면서 권태를 느낀다는 것이 아이러니라면 아이러니일 것이다. 권태는 우리 삶이 깊이를 상실했음을, 그리고 타자와 연대하는 삶에서 멀어졌음을 알리는 신호이다. 그 권태로부터 우리를 건져주는 이들이 필요하다.

욕망의 터전 위에 세워진 자본주의 세상은 사람을 끝없이 고립시킨다. 고립된 사람을 지배하는 정서가 바로 불안이다. 불안에 사로잡힌 영혼은 그 흔들리는 마음을 붙들어줄 수 있는 대상들을 추구한다. 그러나 그것은 카프카(Franz Kafka)의 성처럼 다가설수록 멀어진다.

이 시대에 정말 필요한 가치는 고립에 대항하는 연대의 용기이다. 연대라 하여 비장할 것까지는 없다. 눈물 흘리는 이에게 손수건을 건네는 것도 연대이고, 묵묵히 자기 일을 하는 이들에게 다가가 그 일이 그릇되지 않았음을 넌지시 일깨우는 것도 연대이다. 김종삼 시인의 "묵화"는 그러한 연대의 아름다움을 그림처럼 보여준다. "물먹는 소 목덜미에/할머니 손이 얹혀졌다/이 하루도/함께 지나갔다고, 서로 발잔등이 부었다고,/서로 적막하다고." 연대는 흐름이다. 막혔던 것들이 툭 터질 때 느끼는 해방감이다. 우리 사회 곳곳이 막혀 있다. 막힌 곳에서 울혈이 생기고, 그 울혈이 사회 전체의 건강을 위협한다. 막힌 곳을 뚫어야 할 정치, 종교, 언론, 사법은 오히려 그 장벽을 만드는 일에 열중한다. 사납고 독한 말들이 난무한다. 푸접* 없는 세상에서 삶은 점점 무거워진다. 시인이 그려 보여주는 '묵화' 같은 세상의 꿈은 가뭇없이 사라지고 있는 것처럼 보인다.

그렇다고 하여 꿈조차 버릴 수는 없다. 예수님은 사람과 사람 사이를 가르는 온갖 장벽들이 철폐되는 세상의 꿈을 인류의 가슴에 심어주셨다. 성과 속, 의인과 죄인, 남자와 여자, 내국인과 외국인, 부자와 빈자, 배운 자와 그렇지 못한 자들을 가르는 담을 허물기 위해 그분은 온몸을 불살랐다. 장벽을 세우면서 그분을 따른다고 말하는 것은 자기기만일 뿐이다. 담장 저편으로 내몰려 혐오의 대상이 된 사람들, 삶의 벼랑 끝에 몰린 사람들, 은결든 마음을 주체할 수 없어 방황하는 이들에게 설 땅이 되어주겠다는 마음을 품을 때, 오히려 우리를 괴롭히던 무거움이 스러지지 않을까? 참으로 봄볕 같은 사람들을 만나고 싶다.

사람을 특별하게 만드는 것

사람이 된다는 것은 스스로 선택한 길을 가는 것이고, 그 길 위에서 누군가를 보살피고 책임을 지는 것이며, 지향을 잃지 않기 위해 몸부림치는 것인지도 모르겠다. 문제는 그 길이 자명하지 않을 뿐 아니라, 장애물을 피해 이리저리 에돌다보면* 방향을 잃기 일쑤라는 데 있다. 우리는 늘 어딘가로 향하지만, 근원적 쓸쓸함으로부터 벗어나지는 못한다.

2017년 노벨 문학상 수상자인 가즈오 이시구로(Kazuo Ishiguro)의 최근작 《클라라와 태양》(민음사)은 미래 세계의 모습을 그리고 있다. 작가는 유전자 교환을 통해 특정한 분야에 탁월한 능력을 발휘하는 향상된 인간들이 등장하는 현실을 보여주지만 그 세계를 유토피아나 디스토피아로 그리지 않는다. 가즈오가 작품을 통해 묻는 것은 인간을 인간답게 하는 것이 무엇인가이다. 향상된 아이들은 로봇인 에이에프(AF, Artificial Friend)를 친구로 삼는다. 조시라는 아이도 에이에프 클라라를 구입한다. 클라라는 관찰력이 뛰어나고 배우려는 욕구가 강하다. 보는 것을 흡수하고 그것을 종합하는 능력이 출중하다. 스스로 감정을 드러내지는 않지만 인간의 감정을 이해하기 위해 노력한다. 사람들이 외로움 때문에 하는 행동이 무엇인지를 금방 알아차리지만, 사람은 때로 외로움을 자발적으로 받아들이기도 한다는 사실에 다소 놀란다. 클라라는 병약한 조시가 잘못될 경우 자신이 조시의 복제본으로 살아야 한다는 것을 인식한다. 과연 그럴 수 있을까?

"너는 인간의 마음이라는 걸 믿니?" 조시의 아버지 폴의 질문 앞에서 클라라는 다소 혼돈을 느낀다. 폴은 인간의 마음이란 '사람을 특별하고 개별적인 존재로 만드는 것'이라고 설명한다. 누군가의 습관이나 특징, 말투나 행동거지를 아는 것만으로 그를 다 이해했다고 말할 수 있을까? 폴은 시간이 충분하여 많은 정보를 얻는다 해도, 한 존재를 다 이해할 수는 없다고 말한다. 마음은 방이 많은 집과 같아서 방들을 하나하나 열고 들어가 각 방의 정보를 종합하면 알 수 있을 것 같지만 현실은 그렇지 않다는 것이다. 방 속에 또 다른 방이 있고, 그 방문을 열고 들어가면 또 다른 방이 눈앞에 드러나기도 하기 때문이다. 인간의 마음은 미로와 같다.

세상의 어떤 이론도 지혜도 인간의 마음을 온전히 이해할 수는 없다. 이해에 가까워질 수는 있겠지만 근사치일 뿐이다. '알 수 없음'이야말로 생명의 실상이다. 알 수 없는 것을 안다고 말하는 것은 오만이다. 알기 위해 끊임없이 노력해야 하지만 결국은 알 수 없다는 사실을 인정할 때 허세 부리려는 욕구에서 해방된다. 이해할 수는 없지만 그의 다름을 인정하고 받아들이고 존중할 때 평화가 시작된다.

도시적 삶은 우리를 한 방향으로 몰아간다. 그 분잡에 휩쓸리다보면 존재에 대한 질문은 스러지고 살아남기 위한 맹목적 앙버팀만* 남는다. 숨은 가빠지고 타인을 맞아들일 여백은 점점 사라진다. 서슴없는 언행과 뻔뻔한 태도가 당당함으로 포장될 때 세상은 전장으로 변한다. 정치, 경제, 문화, 언론, 사법, 종교의 영역에서 발화되는 말들이 세상을 어지러움 속으로 몰아넣고 있다. 지금 우리 시대에 필요한 태도가 있다면 '머뭇거림'이 아닐까?

머뭇거림은 알 수 없는 것을 아는 것처럼 말하지 않으려는 겸허함, 함부로 속단하지 않으려는 조심스러움, 그리고 이해할 수 없는 것조차 수용하려는 열린 마음을 내포한다. 모든 틈은 깨진 상처인 동시에 빛이 스며드는 통로인 것처럼, 머뭇거림은 우유부단함처럼 보이지만 나와 타자가 함께 숨 쉴 수 있는 공간이기도 하다. 머뭇거림이 사람을 자기 초월의 방향으로 인도한다.

함께함 하나

신산스런 삶의 과정을 거치는 동안 들끓던 욕망이 잦아들어
담담함에 이른 얼굴과 마주칠 때가 있다.
세월이 그의 얼굴에 새겨놓은 흔적을 바라보며
우리는 안쓰러움과 고마움을 동시에 느낀다.
그러나 희노애락의 감정이 드러나지 않는 얼굴은
오히려 낯설기만 하다.
절대적인 부동의 세계에 갇힌 것처럼 보이기 때문이다.
어떤 운명의 타격이 그에게서 생기를 빼앗아간 것일까?

한 사람의 얼굴에 미소가 돌아오게 만드는 것,
그를 부동의 세계에 가두어버린 얼음을 녹이는 것,
세상을 더 이상 고향으로 인식할 수 없는 이들에게
고향이 되어주는 것,
바로 그것이 인간이 된다는 말이 아닐까?

우리를 속박하는 편견

오랜 세월이 흘러가도 또렷하게 떠오르는 일들이 있다. 누구에게나 결정적 순간이 있다. 만해 한용운이 "날카로운 첫 키스의 추억은 나의 운명의 지침을 돌려놓고 뒷걸음쳐서 사라졌습니다"("님의 침묵"에서)라고 노래하던 바로 그 순간 말이다. 그 순간은 자연스럽게 다가오는 것이 아니라 느닷없이 발생한다. 예측할 수 없기에 대비할 수도 없다. 그리스 사람들은 그런 시간을 가리켜 카이로스라 했다.

그것은 계측할 수 없는 시간, 우리 일상 속에 수직으로 파고 드는 시간이다.

정도의 차이는 있지만 누구나 일평생 몇 번은 그런 체험을 한다. 그 시간은 존재 전체를 뒤흔들어 다시는 이전처럼 살 수 없게 만든다. 삶과 죽음의 갈림길 앞에서, 비겁과 안일의 유혹을 물리치고 기꺼이 위험 속으로 뛰어드는 이들이 있다. 그들은 인간 정신의 숭고함을 오롯이 드러낸다. 그렇게 극적이지는 않지만 평생 성찰의 계기가 되는 일들도 더러 일어난다. 돌이켜보니 내 인생에서 지울 수 없는 부끄러운 기억들이 있다.

1980년대 초반, 내가 잠시 머물던 교회는 민주화 운동에 투신한 많은 이들의 피난처였다. 일터에서 부당하게 쫓겨난 사람들, 수배자들, 정보기관의 눈길을 피해야 했던 학생들이 모여들었다. 창날 위를 걷는 것처럼 위태로운 시간이었다. 교인들은 내게, 명문대학을 다니다가 학교를 떠나 노동자로 변신한 사람에 대한 이야기를 마치 신화처럼 들려주었다. 그는 단순한 위장 취업자가 아니라 사상가처럼 여겨졌다. 그를 만나 이야기를 나누고 싶은 생각이 간절해졌다. 어느 날 낯선 사람이 찾아왔다. 옷차림은 허름했고,

내게 인사를 건네는 그의 말투와 표정 또한 숫접기* 이를 데 없었다. 늘 단단하고 여문 표정의 사람들만 대하다보니 오히려 그가 낯설었다. 목회자의 의례적인 친절로 그를 대하기는 했지만 정성껏 그를 대하지는 않았다. 예배를 마친 후 교인들이 모여 담소하는 중에 그 신화적인 인물에 대한 이야기가 또 나왔다. 기회가 되면 그 분을 꼭 만나보고 싶다고 말하자 교인들은 뜨악한 표정을 지으며 '아까 왔던 그 사람'이라고 말했다. 충격이었다. 다음 주일에 그가 다시 왔을 때 그를 대하는 나의 태도가 사뭇 달라진 것은 말할 것도 없다.

이 일은 내게 원형적인 부끄러움의 기억으로 남았다. 사람을 외모로 평가하지 말라고 말하면서도 정작 나는 사람을 외모로 평가하는 일에 익숙해져 있었던 것이다. 외모, 출신학교, 말투를 가지고 그 사람을 다 아는 것처럼 여길 때가 많다. 편견 없이 사람을 대한다는 것은 어쩌면 불가능한 일인지도 모르겠다. 편견과 억측은 참다운 인식이 아니다. 그것은 오히려 인식을 가로막는 장벽이 되기도 한다. 특정한 지역 혹은 직업군에 속한 이들에 대한 자기의 견해를 진리처럼 여기는 이들이 많다. 전문가를 자처하는 이들의 단정적인 어투에는 듬쑥한* 무게감이 느껴지지 않는다.

생급스러운[*] 말로 사람들을 오도하는 이들도 있다. 고등학교 시절에 만난 국어 선생님은 톨스토이의 《전쟁과 평화》쯤은 한 달이면 쓸 수 있다고 장담했다. 톨스토이보다 도스토예프스키를 더 좋아했던 그분의 과잉 수사임을 짐작하기는 했지만, 그 말의 효력은 적지 않았다. 아주 오랫동안 톨스토이는 내 독서 목록에 들어가지 않았던 것이다.

편견 없이 살 수는 없을까? 아무리 생각해봐도 그럴 수는 없을 것 같다. 그렇기에 필요한 것은 나의 견해가 편견 혹은 오류일 수 있다는 사실을 인정하는 것이다. 그것을 인정할 때 참된 인식의 문이 열린다. 그 통로는 대화이다. 대화는 타인에 대한 존중에서 시작된다. 대화를 시작하기 위해서는 그의 견해를 수용할 수 있는 여백을 마련해야 한다. 내 입장을 철회하고 그의 견해를 받아들이는 아픔까지 감수해야 한다. 자기 편견의 노예가 되어 사느니 차라리 그런 아픔을 겪는 게 낫다. 아브라함 조슈아 헤셸은 종교가 해야 할 일은 가치의 고착화에 도전하는 일이라고 말한 바 있다. 편견에 사로잡힌 종교처럼 딱한 게 또 있을까?

확실함과 모호함 사이

예수의 열두 제자 가운데 하나인 그는 '의심하는 도마'라는 오명을 뒤집어쓴 사람이다. 부활하신 그리스도가 제자들에게 모습을 드러냈을 때 그는 다른 장소에 있었다. 나중에 동료들을 통해 예수 부활 소식을 전해들은 그는, 자기 눈으로 직접 보고 스승의 옆구리에 난 창 자국에 손을 넣어보기 전까지는 믿을 수 없다고 말했다. 어찌 보면 당연한 실증주의적 태도이지만, 사람들은 그에게 '의심하는 사람'

이라는 찌지를* 붙여 구별했다.

흔들림 없는 확신을 믿음의 표지로 생각하는 이들은, 자기들이 고백하는 신앙을 곧이곧대로 받아들이지 못하는 이들을 보면 불편함을 느낀다. 회의는 과연 진리의 적인가? 회의의 용광로를 거치지 않고는 누구도 확실성에 이를 수 없다. 그렇게 얻어진 확실성조차 신념이나 태도를 경정하는 데 도움이 될 뿐 객관적 사실이 아닐 때가 많다. 데카르트는 사유야말로 인간을 인간답게 만드는 것이라 여겼지만, 사유의 결과물도 현실을 온전히 드러내주지는 못한다. 우리가 무의식적으로 사용하는 범주나 언어도 현실의 근사치를 반영할 뿐이다. 삶은 모호하고, 인간은 늘 흔들림 속에서 살아간다. 현실은 삶의 통제권이 우리에게 속한 것이 아님을 시시각각 확인시킨다. 사람들은 그러한 흔들림이 일으키는 어지럼증에서 벗어나기 위해 확실한 것을 추구한다.

그런데 종교 체험은 거꾸로 우리가 확고하다고 여겼던 삶의 토대를 사정없이 흔든다. 질서 잡힌 세상이 혼란스럽게 변하고, 안다 여겼던 것들이 낯선 것이 되고 만다. 느닷없이 닥쳐온 그런 체험 앞에서 인간은 경외심에 사로잡히거나 근원적 불안감을 느낀다. 이해할 수도, 설명할 수도 없는 삶을 살아야 하는 것이 인간의 숙명이다. 불안을 견디기 어려워하는 사람일수록 확실한 것에 집착한다. 그들은 일쑤 권위 있는 누군가에게 자기 마음을 비끄러매려 한다. 사유하고 판단하는 주체가 되기보다는 추종자가 되는 편을 택하는 것이다. 누군가를 추종하는 사람일수록 맹목적 확신에 사로잡힌다. 이 무심한 확신은 다른 생각이 파고들 여백을 허락하지 않는다. 자기 확신이 강한 사람일수록 배타적인 까닭이 여기에 있다.

종교적 독단과 독선은 위험하다. 다름을 용납할 수 없기에 매우 폭력적이다. 그것은 어느 종교나 다 마찬가지이다. 교조주의에 빠진 이들은 진리의 세계 속으로 깊이 들어가지 못한다. 진리는 모름에 대한 자각과 의심을 통과할 때만 당도할 수 있는 세계이기 때문이다. 16세기 스페인의 수도사였던 십자가의 성 요한은 《가르멜의 산길》(바오로딸)에서 "맛보지 않은 것에 다다르려면, 맛없는 거기를 거쳐서 가라. 모르는 것에 네가 다다르려면, 모르는 거기를 거쳐서 가라"고 말했다. 부정의 길이다. 참된 인식에 이르기 위해서는 긍정의 길도 필요하지만, 부정의 길도 외면하면 안 된다. 비어 있음이야말로 사물을 뚜렷하게 드러내는 배경이 될 때가 많지 않던가. 진실의 문은 우리가 회의하는 바로 그 지점에서 열릴 때가 많다.

인생의 길은 확실함과 모호함 사이로 나 있다. 모호함을 외면하거나, 여백 없는 확신으로 그것을 덮어씌우려 할 때 삶은 천박해진다. 자기 확신에 찬 극단주의자들에게 장악될 때 종교는 더 이상 사회 통합의 기제로 작용하지 못한다. 편협한 신앙 혹은 광신에서 벗어날 용기가 필요하다. '의심하는 도마'라는 오명을 썼던 도마가 복권되어야 한다. 그는 합리적 의심을 통해 보다 확실한 진리 인식에 이르렀다. 의심 혹은 회의는 진리의 적이 아니라, 더 깊은 확실성으로 우리를 이끄는 안내인이다. 신동엽 시인은 "누가 하늘을 보았다 하는가"에서 우리가 먹구름을 하늘로 알고 일생을 산 것이 아닌지 묻고는, 우리 마음 속 구름을 닦자고, 우리 머리를 덮은 쇠항아리를 찢자고 말한다. 그래야 티 없이 맑은 영원의 하늘을 볼 수 있다는 것이다. 모두에게 적용되는 인생의 정답은 없다. 확실함과 모호함 사이로 난 길을 애써 걸으며 작은 빛을 만들어가는 과정이 있을 뿐이다.

심연을 본다는 것

히말라야의 브로드피크를 등정한 후 하산길에 실종된 김홍빈 대장은 결국 그 무심한 설산의 일부가 되고 말았다. 그는 히말라야 14좌를 완등한 최초의 장애인이라는 타이틀보다 더 소중한 것을 우리에게 남겨주었다. 인간의 한계를 초극하려는 도전 정신이다. 그는 일찍이 북미 대륙의 최고봉인 매킨리 단독 등반 도중 조난 사고를 당해 열 손가락을 다 잃었다. 잠시 암울한 시간을 통과해야 했지만 그는 자기 삶의 조건을 씩씩하게 받아들였고, 불굴의 도전 정신을 발휘했다. 일곱 대륙의 극점에 도전했고, 마침내 히말라야 14좌 완등이라는 꿈을 이루고 말았다. 사고였지만 그는 마치 홀연히 사라져버린 것 같은 느낌을 준다.

그가 실종됐다는 뉴스를 들었을 때, 며칠 동안 생환 소식을 기다리면서 니코스 카잔차키스의 문장을 떠올렸었다. "어두운 심연으로부터 와서 어두운 심연에서 끝을 맺으면서 우리는 반짝하는 그 사이의 삶을 부른다. 우리가 태어나자마자 되돌아감은 시작되고, 전진과 후퇴는 동시에 존재한다. 우리는 매순간 죽는다." 조금 불길하긴 했지만 이것이 삶의 진실임을 부정할 수 없었다. 심연과 심연 사이에서 반짝하는 사이, 바로 그곳에서 우리 삶이 빚어진다. 심연은 어떤 설명도 불가능한 인식의 절벽이다. 삶도 그러하고 죽음도 그러하다. 하지만 사람들은 그 심연을 짐짓 외면하며 산다. 심연을 본다는 것은 두려운 일이기 때문이다. 심연을 보는 순간 인간은 벼랑 끝에 선 듯 현기증을 느낀다. 심연을 응시한 후에 깊은 침묵의 세계 속으로 침잠하는 이도 있고, 광기에 사로잡히는 이도 있다. 광기에 사로잡힌 이들은 다른 이들이 보지 못하는 세계를 보는 이들이다.

평범한 사람들은 심연 앞에서 눈을 감는다. 심연의 공포를 마주하려 하지 않기 때문에 그들은 비교적 안전하다. 요령 있고 신중한 이들은 안전지대에 머물 뿐, 경계선 너머를 꿈꾸지 않는다. 그때 정신은 늙기 시작한다. 문틈으로 공기가 스며 들어오듯, 먼지가 소리 없이 쌓이듯, 일상은 그렇게 우리 정신을 잠식하여 다른 삶을 꿈꾸지 못하게 만든다. 비속한 삶을 유지하기 위해 앙버티며 사는 동안 우리 삶의 지평은 점점 좁아진다. 길들여진 삶의 쓸쓸한 풍경이다.

코로나 기간 중, 우여곡절 끝에 2020 도쿄 올림픽이 열렸었다. 젊은 날에는 승자들에게 눈길이 많이 갔지만, 이제는 이기든 지든 자기 한계를 넘어서려는 이들의 모습이 다 아름다워 보인다. 몸과 마음을 통해 인간의 한계를 탐색하는 그들의 장한 도전 덕분에 우리 문명은 활력을 얻는다.

세상에는 인간 정신의 지평을 넓히기 위해 헌신하는 이들이 있다. 전쟁의 세기인 20세기에 '모든 생명은 살기를 원하는 생명'이라는 평범한 진실을 통해 새로운 생명윤리를 제시한 알버트 슈바이처(Albert Schweitzer), 제국의 가혹한 폭력을 겪으면서도 비폭력적 저항을 통해 압제자나

피압제자가 함께 해방되는 길을 제시했던 마하트마 간디(Mahatma Gandhi) 같은 사람이 그러하다. 이름이 널리 알려지지는 않았더라도 고귀한 생명을 구하기 위해 기꺼이 위험 속으로 들어간 이들도 인간 정신을 고양한 존재라 해야 할 것이다. 모든 고통이 다 정신의 숭고함으로 귀결되지는 않는다. 인간 정신의 숭고함은 언제나 비범한 고통을 통해 발현된다. 비범한 고통이란 어쩔 수 없이 겪을 수밖에 없는 수동적 고통이 아니라 능동적으로 선택하는 고통이다. 약자들을 삼키는 역사의 흐름을 되돌리기 위해 그 격랑 속으로 뛰어드는 사람들이 있다. 역사의 제단 앞에 기독교의 상징인 십자가는 바로 그러한 진실을 나타내는 기호이다.

선거철이 되면, 후보로 나선 이들마다 왜 자신이어야 하는지 대중을 설득하기 위해 노력한다. 그들에게 정신의 숭고함을 요구할 수는 없지만, 적어도 비루한 정신이 나라를 대표하지는 않았으면 좋겠다. 이것이 어찌 정치인들만의 문제겠는가. 우리 역사가 지향할 방향을 초월의 관점에서 제시해야 할 책임이 있는 종교조차 정신의 위대함을 보이지 못한다면 역사는 쇠퇴할 수밖에 없다.

부유하지만 가난한 이들도 있고,
가난하지만 부유한 이들도 있다.
누구나 부유하기를 바라지만
그 마음에 사로잡히는 순간 불행이 시작된다.
곁핍에 눈길을 주며 사느라
이미 누릴 수 있는 것들을 누리지 못하기 때문이다.

우리는 서로의 손님이 되어야 한다.
손님이 된다는 것은
주인의 법과 관습을 받아들이는 것이다.
손님은 떠날 때가 되면 머물던 자리를
자신이 처음 왔을 때보다
더 깨끗하고 아름답게 만들어야 한다.

성급함이라는 원죄

'미라클', 아프가니스탄 사람들을 구출해낸 작전명이다. 정말 그것은 기적이었다. 초자연적인 존재의 개입이 아니라 연약한 존재에 대한 따뜻한 관심과 책임감이 일으킨 기적이다. 영유아를 포함한 아프가니스탄 시민 391명이 한국에 들어왔다. 정부는 군 수송기를 보내 그들을 안전하게 모셔왔다. 앞으로 그들이 감내해야 할 생의 무게가 만만치 않겠지만, 그나마 새로운 삶을 시작할 수 있어 다행이었다. 대다수의 사람들은 일상을 당연한 것으로 받아들이지만 세상에는 일상을 기적으로 경험하는 사람들도 있다.

아프가니스탄에 주둔하고 있던 미군이 전격 철수를 결정한 후 국제 사회는 요동쳤었다. 혼란과 공포가 마치 어둠처럼 그 땅을 뒤덮었고, 부득이 발생할 수밖에 없는 난민들의 수용 문제를 두고 인접국들은 긴장했다. 미국 입장에서는 언제든 해야 할 일이었다고는 하지만, 갑작스런 철군이 불러일으킬 혼돈과 뒷감당해야 하는 사람들의 공포는 고려하지 않았던 것 같다. 비정한 것이 국제관계라지만 역사의 거대한 수레바퀴에 으깨지는 개체로서의 존재를 존중하지 않는 정책은 유감이라 말하지 않을 수 없다.

카프카는 인간에게 두 가지 원죄가 있다고 말한다. 다른 모든 죄들은 그 원죄로부터 파생된다. 성급함과 태만함이 바로 그것이다. “인간은 성급함 때문에 낙원에서 추방되었고, 태만함 때문에 낙원으로 돌아가지 못한다.” 성급함이 시간을 앞당기려는 욕망이라면 태만함은 시간을 느리게 만들고자 하는 욕망이다. 기독교 전통은 ‘태만’이 일곱 가지 죄의 뿌리 중 하나라고 한다. 태만은 마땅히 해야 할 일을 하지 않거나 한없이 미뤄두는 태도이다. 그런데 카프카는 원죄가 하나일지도 모른다며 성급함이야말로 모든 죄의 뿌리라는 것이다. 해야 할 일을 하지 않는 것도 문제지만, 하지 말아야 할 일을 하는 것이 더 큰 문제다.

우리는 성급하게 말하고 판단하고 행동하고 정죄하고 혐오한다. 성경은 "누구든지 듣기는 빨리 하고, 말하기는 더디 하고, 노하기도 더디 하십시오"(약 1:19)라고 말한다. 더디 하기 위해서는 판단을 유보하고 상황을 살피려는 겸허함이 필요하다. 로미오는 가사상태에 빠진 줄리엣을 보고 정말 죽은 줄 알고 독약을 마신다. 수많은 비극이 성급함에서 비롯되었음을 우리는 안다. 성급한 사람은 기다릴 줄 모른다. 마음에 한번 후림불이* 당겨지면 어쩔 줄 몰라 하며 버르적거린다.* 모든 것이 즉각적으로 해결되어야 한다. 현대인들은 시간을 지속이 아니라 파편으로 경험한다. 정보의 생산과 소비 사이의 간격이 점점 짧아지면서 조바심, 부산스러움, 불안이 우리의 기본 정서가 되고 말았다. 배설하듯 쏟아내는 성급한 말들이 선량한 사람들의 감성을 해치고, 성급한 판단과 행동은 다른 이들이 다가설 여백을 제거한다.

대부분의 사람들은 검색을 통해 정보를 얻지만 그것을 온축하여 지적 체계를 만들거나 품성으로 가꾸지 못한다. 무르익을 시간이 없기 때문이다. 삶이 속도전이 되면서 이드거니* 자기 일에 몰두하는 사람들을 만나기 어렵다. 정보는 명멸할 뿐 이야기를 만들지 못한다. 우리 시대는 그런 의미에서 궁핍한 시대인지도 모르겠다.

재독학자 한병철 교수는 《시간의 향기》(문학과지성사)에서 우리 시대를 가리켜 역사 혹은 이야기가 정보에 밀려난 시대라고 말한다. "정보들은 서사적 길이나 폭을 알지 못한다. 정보들은 중심도 없고 방향성도 없으며, 우리에게 물밀 듯이 닥쳐온다. 정보에는 향기가 없다." 정보에서 정보로 건너뛰는 동안 인간의 지각은 끊임없이 새로운 것을 추구한다. 삶은 진동한동 분주할 뿐 향기를 품지 못한다. 인생의 단맛과 쓴맛을 다 본 히브리의 한 지혜자는 "빠르다고 해서 달리기에서 이기는 것은 아니며, 용사라고 해서 전쟁에서 이기는 것도 아니더라"(전 9:11)라고 말했다. 성급함이라는 원죄에서만 벗어나도 삶의 무게와 비애는 줄어든다. 피난처를 찾아 우리에게 다가온 이들을 따뜻하게 그느르는* 것이야말로 어엿한 인간이 되는 길이다. 적대감이 넘치는 세상을 환대의 공간으로 바꾸는 것보다 더 소중한 일이 또 있을까.

그분을 알아볼 수 있을까

자기 고향에 가서 아들의 신붓감을 찾아보라는 주인의 부탁을 받은 늙은 종은 낙타를 끌고 먼 길을 떠났다. 참으로 막연한 요청이었다. 자기를 신뢰해준 주인의 마음에 보답하기 위해서라도 좋은 사람을 찾아야 했다. 어떤 기준을 가지고 사람을 보아야 할까? 생각은 많았지만 결론을 내리기 어려웠다. 긴 여정 끝에 마침내 주인의 고향 어귀에 도착한 그는 잠시 성 바깥에 있는 우물곁에서 다리쉼을 하며 이 궁리 저 궁리를 하고 있었다. 해가 뉘엿뉘엿 지고 있었다. 여인들이 물을 길러 나오는 때였다. 그는 마침내 한 가지 기준을 세웠다. "물동이를 기울여서, 물을 한 모금 마실 수 있게 하여 달라"(창 24:14)라고 부탁했을 때, 자신은 물론 낙타에게도 물을 주겠다고 말하는 소녀라면 하나님이 정해준 여인으로 여기겠다는 것이었다. 이 에피소드는 창세기에 나오는 아브라함 이야기의 일부이다. 종이 분별의 기준으로 택한 것은 종교도 가문도 경제력도 아닌 '인애의 행동'이었다. 어려움에 처한 사람의 처지에 공감하면서 그를 돕기 위해 수고를 마다하지 않는 사람이라면 틀림없다고 생각한 것이다.

기독교인들은 이천 년 전에 이미 오셨지만, 다시 오겠다고 약속하신 예수를 지금 기다린다. 그는 어떤 모습으로 우리에게 오시는 것일까? 성경은 그분이 굶주린 사람, 목마른 사람, 나그네, 헐벗은 사람, 병든 사람, 감옥에 갇힌 사람의 모습으로 나타날 것이라고 말한다. 대다수의 사람들이 꺼림칙하게 생각하거나, 쾌적한 일상의 평온을 깨뜨리는 이들로 여겨 멀리하는 부류의 사람들이다. 오늘 그분이 우리 곁을 스쳐 지나간다 해도 과연 알아볼 사람이 있을까?

일찍이 시인 정호승은 “서울의 예수”라는 시에서 “인간이 아름다와지는 것을 보기 위하여, 예수가 겨울비에 젖으며 서대문 구치소 담벼락에 기대어 울고 있다”고 노래했다. 예수가 구치소 담벼락 안쪽에 있는지 바깥에 있는지는 알 길이 없지만, 그는 엄혹했던 시기에 아름다운 세상을 만들기 위해 애쓰다가 갇힌 이들과 함께 울고 있다. 서울의 예수는 “새벽마다 사람의 등불이 꺼지지 않도록 서울의 등잔에 홀로 불을 켜고 가난한 사람의 창에 기대어 서울의 그리움을 그리워하고 싶다”고 말한다. 이 시에서 서울은 특정한 장소를 가리키는 것이 아니라 사람들의 욕망과 모순이 집적된 삶의 은유일 것이다. 사람의 등불이 꺼지지 않도록 지키는 존재는 우리 그리움의 대상일 뿐 아니라 스스로 그리워하는 사람이다.

시인 도종환은 “흐느끼는 예수”라는 시에서 “만일 예수가 눈발 풀풀 날리는 철거 지역에 와서/꺼멓게 타버린 슬픔의 시신을 안고 몸부림치는/늙은 여인 곁에 앉아 울고 있었다면/우리는 예수를 알아보았을까”라고 묻는다. 이 시는 매우 처절한 현실을 보여준다. 시인은 모두 외면하고 싶어하는 아픔의 자리가 예수가 오시는 자리라고 말하고 있다.

소셜 미디어를 활용하는 이들이 원본의 이미지를 가공하여 뿌옇게 될 정도로 편집하는 것을 일러 '야시피케이션'(yassification: '알아보기 힘들 정도로 예쁘게 만들다'는 yassify의 명사형)이라고 한다. 낯설기 이를 데 없는 신조어이다. 그런데 이런 현상은 우리의 의식 속에서도 자주 일어난다. 기억의 미화 혹은 수정도 그 중의 하나다.

여러 해 전 미국의 시사 주간지 〈타임〉은 표지에 예수의 초상화를 실었다. 그 얼굴이 많은 이들에게 충격을 주었다. 우리가 성화에서 흔히 보아온 금발의 백인 남성이 아니라 이천 년 전 팔레스타인 땅에 살던 평균적 남성의 모습이었기 때문이다. 피부색은 조금 어둡고 코는 뭉툭하고 머리카락은 검은 갈색이었다. 생각해보면 예수의 이미지도 아주 오랫동안 야시피케이션 과정을 거쳐 우리 속에 주입되었던 셈이다. 어느 신학자는 예수가 흑인이었다고 말한다. 이때 '흑인'이라는 단어가 뜻하는 것은 피부색이 아니라 사회적 소수자들의 고통 혹은 차별과 멸시의 대상이 된 이들의 경험이라 말할 수 있다.

아우구스티누스는 《고백록》에서 자기 삶이 진리를

피하면서 찾는 모순 속에 있었다고 말한다. 남의 일이 아니다. 참된 기다림이란 벼랑 끝에 내몰린 듯 삶이 위태로운 이들의 땅이 되어주는 일과 무관하지 않다.

느리지만 분명한 폭력이
스치고 지나간 자리에 남은 것은 무거움이다.
누군가를 조롱하고 깎아내리기 위해 발화되는 말들은
당사자가 아닌 사람에게도 상처를 입힌다.

큰 정신이 사라진 자리에 남는 것은 욕망의 파편들이다.
그 파편들은 누군가의 발을 찌르게 마련이다.
정의와 공의는 일종의 사회적 자본이다.
그것이 현실 속에서 풍부하게 구현될 때
사람들은 높은 도덕성을 보이고, 강한 귀속의 감정을 느낀다.

새로운 세계를 상상하다

창세신화는 고대인들의 세계관을 반영하게 마련이다. 세상이 어떻게 존재하게 되었는지, 자연이라는 거대한 타자 앞에 선 인간의 운명은 어떠한지, 인간 사회에 내재한 선과 악의 뿌리는 무엇인지, 그 속에서 인간에게 부여된 역할은 무엇인지를 넌지시 드러낸다. 사람들은 인식의 장벽에 부딪힐 때마다 '태초'를 떠올린다. 물론 그 태초는 인간의 지각이나 경험 세계를 훌쩍 뛰어넘는 근원적 지평이다. 태초는 두레박을 아무리 내려뜨려도 닿을 수 없는 우물과 같다. 사람들은 저마다의 상상에 근거해 태초부터 존재하는 것에 대해 말한다. 갈등, 행동, 폭력, 혼돈 등이 그것이다.

에누마 엘리쉬(Enuma Elish)는 고대 바빌론의 창세신화를 담고 있는 송가이다. 마르둑이 자기의 조상신인 혼돈의 신 티아마트를 물리치고 최고신의 자리에 오르게 된 내력을 소개한다. 전쟁이 벌어지자 티아마트는 킹구를 총사령관으로 삼고 무시무시한 괴물들을 만들어 수하에 둔다. 티아마트의 폭주를 막을 수 있는 것은 강력한 힘으로 새롭게 부상하는 마르둑밖에 없다며 신들은 모든 권한을 그에게 위임한다. 최선봉에 서서 티아마트와 싸워 대승을 거둔 마르둑은 티아마트의 몸을 둘로 갈라 반쪽으로는 하늘의 궁창을 삼고 나머지로는 그 덮개를 만들어 땅의 기초로 삼았다. 그리고 킹구를 죽여 그의 피를 가지고 신들의 노역을 감당할 인간들을 만들었다.

바빌론의 창세신화는 강 주변에서 문명을 일궜던 이들의 고통이 반영되어 있다. 강은 문명의 기초이지만, 걷잡을 수 없이 범람하는 강은 인간 문명의 토대를 뒤흔들곤 하는 폭력적 실체이기도 했다. 관개수로를 잘 유지하고 관리하여 물을 다스리는 것이야말로 왕들의 책임이었다. 마르둑이 바닷물의 신 티아마트를 죽여 질서를 회복했다는 이야기는 바로 그런 경험에서 비롯된 것이다. 그 이야기를 제의적으로 반복하면서 바빌론 사람들은 신화를 내면화했고, 통치자들의 폭력적 지배는 정당성을 확보했다. 피지배자들은 신들이 각자에게 부여한 역할을 감당할 뿐이었다. 숙명론적 세계관이 제국 통치의 필요조건이었던 것이다.

그러나 나라가 망한 후 바빌론에 포로로 잡혀간 유대인들은 이것과는 전혀 다른 창조 이야기를 들려준다. 신은 말씀으로 세상을 창조하고, 초석적 폭력은 어디에도 보이지 않는다. 혼돈과 공허와 흑암을 감싸는 따뜻한 품으로부터 빛이 솟아오르고, 신은 당신의 뜻대로 이루어진 세상을 보고 기뻐한다. 기쁨이 창조의 핵심이다. 인간은 신들의 허드렛일을 감당하기 위한 하인으로 지어진 것이 아니라 신의 뜻에 기쁘게 동참하는 창조적 주체이다. 모든 인간은 신의 형상을 따라 지어졌다. 그에게는 자기 운명을 선택할 자유가 주어진 것이다. 차별 또한 금지된다. 인간은 상호 존중하고 협동하는 주체로 창조되었다. 인간 세계에 갈등이 없을 수는 없지만 그 갈등을 폭력적으로 해결해서는 안 된다는 것이 창조 이야기의 심층을 이룬다. 이스라엘 역사의 가장 어두운 시기에 바빌론에 포로로 잡혀간 사제들은 이처럼 새로운 세상의 꿈을 인류 역사 앞에 내놓았다.

큰 이야기가 실종된 시대이다. 우리 역사가 나아가야 할 바른 방향을 가리키는 경륜가들을 찾아보기 어렵다. 길이 보이지 않을 때 사람들이 찾아가 길을 묻던 스승들이 사라진 후 우리의 정신은 빈곤을 면치 못한다. 전 인류가 직면한 기후 위기의 현실이 심각하건만, 그 문제를 정면에서 다루는 정치인들은 보이지 않는다. 기후 위기에 대처하기 위해서는 인간의 욕망을 문제 삼아야 하고, 욕망을 거스르는 담론은 대중에게 외면받을 수밖에 없다고 생각하기 때문일 것이다.

필요를 채우는 일에 몰두하는 동안, 장엄한 세계와 삶의 신비를 볼 수 있는 우리 눈은 점점 어두워진다. 허무의식이 슬그머니 내면에 자리 잡는다. 부지불식간에 모습을 드러내는 허무감을 화장기로 가릴 수는 없다. 세상에는 진실과 거짓이 뒤섞인 말들이 범람한다. 어느 누구도 우리가 지향해야 할 역사의 방향을 가리켜 보이지 않는다. 희망은 어디서부터 오는 것일까? 각자가 대답할 때이다.

불확실함과 함께 살아갈 용기

1936년에 스페인 내전이 벌어졌을 때 그리스 작가인 니코스 카잔차키스는 전쟁의 참상을 눈으로 목격하고 그것을 있는 그대로 기록하겠다는 포부를 안고 스페인으로 달려갔다. 그는 살라망카에서 20세기 스페인 최고의 사상가인 미구엘 데 우나무노(Miguel de Unamuno)를 만나 한 가지 질문을 던졌다. "오늘날 영적인 인간의 의무는 무엇입니까?" 우나무노는 스페인 사람들이 이런 저런 깃발을 들고 싸우면서 서로를 죽이고 교회를 불태우는 모습에 절망을 느낀다면서, 그런 혼란의 원인은 스페인 사람들이 아무것도 믿지 않는 데 있다고 진단한다. 우나무노는 그들을 '데스페라도'(Desperado)라고 부른다. 데스페라도는 '붙잡고 있을 만한 것이 아무것도 없는 사람'을 가리킨다. 그들은 아무것도 믿지 않기에 정신이 와해되고 거친 분노에 사로잡혔다는 것이다. 명분이 어떠하든 전쟁은 우리가 서있는 삶의 토대를 사정없이 뒤흔들고 파괴한다.

러시아의 우크라이나 침공으로 시작된 전쟁이 지속되고 있다. 베트남 작가 바오닌(Bảo Ninh)은 전쟁이란 '인간에게 가장 끔찍한 단절과 무감각을 강요하는 비탄의 세계'라 말했다(《전쟁의 슬픔》, 도서출판 아시아). 거리에 널린 주검과 잘린 팔과 다리, 흥건한 피와 파괴된 도시는 기괴한 느낌을 자아내지만 최초의 충격과 아픔과 분노는 조금씩 무디어지고 사람들의 관심에서도 멀어진다. 잊혀진다는 것처럼 쓸쓸한 일이 또 있을까?

많은 이들이 러시아 정교회 수장인 키릴 총대주교가 전쟁 중단을 위해 어떤 역할을 해주지 않을까 생각했다. 하지만 그는 우크라이나가 지난 천 년에 걸쳐 형성된 러시아적 순수성으로부터 벗어나 도덕적으로 타락한 서구 세계에 가담하려 한 것이 이 전쟁의 원인이라고 생각하는 것 같다.

권력 의지에 사로잡힌 이들에게 종교가 명분을 제공할 때 권력은 제동장치가 망가진 열차처럼 폭주하게 마련이다. 종교성을 전유한 정치, 곧 영원의 정치학은 과거를 신화화한다. 영원의 정치학은 추구해야 할 미래적 가치에 눈을 돌리기보다는 세상의 모든 문제를 선악의 문제로 환원한다. 선은 장려해야 하지만 악은 징계해야 한다는 것이다. 징계를 위해 선택한 전쟁은 성전이 된다. 순수한 러시아가 늘 죄악된 서구에 저항해왔다는 서사가 그 전쟁에 명분을 제공한다.

영연방 최고 랍비였던 조너선 색스(Jonathan Sacks)는 사랑 그 자체이신 신의 이름으로 미워하고, 자비하신 분의 이름으로 잔혹 행위를 하고, 평화를 사랑하는 분의 이름으로 전쟁을 벌이고, 생명을 지으신 분의 이름으로 생명을 말살하는 현실을 개탄했다. 타락한 종교는 평화의 적이 되기도 하는 것이다. 파스칼(Blaise Pascal)은 “인간은 어떤 경우에도 종교적 확신에 근거해 행할 때보다 더 완전하고 즐겁게

악을 행할 수는 없다"고 말한 바 있다. 종교는 불과 같아서 사람들을 따뜻하게 만들기도 하지만 태우기도 한다.

현대세계에서 종교는 불필요한 잉여에 불과한 것일까? 그렇지 않다. 참된 종교는 사람들을 더 큰 이야기 속으로 초대함으로 자기를 초월하게 한다. 사람들에게 불확실함과 함께 살아갈 용기를 부여한다. 사람들을 개별화시키는 세상에 맞서 연대의 기쁨을 누리게 해준다. 일상 속에 깃든 영원의 불꽃을 보게 만든다. 어려운 이웃들을 돕고, 슬픔에 잠긴 이들을 위로하고, 위기에 처한 이들의 설 자리가 되기 위해 몸을 낮추는 이들은 얼마나 숭고한가? 약자들을 희생시키는 불의한 제도에 맞서 끈질기게 저항하는 이들은 또 얼마나 아름다운가? 의와 평화와 기쁨이야말로 종교의 참됨을 가늠하는 시금석이다.

다른 사람을 맞아들일 여백

유대교 랍비인 나오미(Naomi Levy)가 《아인슈타인과 랍비》(한국기독교연구소)라는 책에서 들려주는 이야기이다. 70대 중반에 이른 외할아버지께 갑자기 우울증이 찾아왔다. 하루 종일 의자에 앉아 사람을 빤히 쳐다보기만 하실 뿐 아무 일에도 의욕을 보이지 않으셨다. 사랑하는 사람과 일평생을 함께했고, 아들딸과 손자손녀들로 대가족을 이루고 있었고, 사업 또한 번창했고, 건강 또한 좋았다. 우울증에 빠질 이유가 없다고 생각한 엄마가 외할아버지께 여쭈었다. “아버지 왜 그러세요? 무슨 일 있으세요?” 잠자코 계시던 외할아버지가 대답하셨다. “이제 아무도 없다!” 그리고 “키비츠(kibbitz) 할 사람이 하나도 없다”고 덧붙이셨다. 그에게 결핍된 키비츠란 무엇일까?

‘키비츠’는 이디쉬어로, 친구들과 격의 없이 지내는 모든 것을 두루 일컫는 단어이다. 몰려다니고, 농담하고, 수다를 떨고, 서로 놀리고, 이야기하면서 마음의 짐을 풀어놓고, 귀 기울여 들어주고, 킬킬거리는 등의 일들 말이다. 하찮고 사소해 보이지만 키비츠의 시간은 무의미하지 않다. 오히려 목적지향적인 삶과 의미 추구의 무거움을 지탱해주는 든든한 버팀목 역할을 할 때가 많다. 삶은 의미와 무의미, 당위와 현실, 경쟁과 협동, 역할과 노릇 사이에서 이루어진다. 격렬한 운동을 하거나 힘든 노동을 한 후에 몸에 쌓인 피로물질을 적절히 풀어내야 하듯이, 우리 정신에 알게 모르게 누적된 무거움을 풀어놓아야 건강한 삶을 누릴 수 있다.

268명의 하버드대 학생들을 대상으로 한 장기 연구 프로젝트인 ‘그랜트 연구’는 1938년부터 시작되어 지금까지 80년 이상을 이어가고 있다. 실험 참가자들의 성격,

지성, 건강, 습관, 관계 등이 풍요로운 삶에 어떤 기여를 하는지 알아보기 위한 연구였다. 30년 이상 그 연구를 이끈 베일런트 박사는 그랜트 연구 결과로 얻은 교훈이 뭐냐는 질문에 "삶에 진정으로 중요한 것이 있다면 그것은 다른 이들과 맺는 관계"라고 대답했다. 친밀한 관계가 돈이나 명예보다 중요하고, 사람들을 행복하게 만들고, 자발없는* 삶으로 하강하지 않도록 지켜주고, 육체적으로나 정신적으로 쇠약해지는 속도를 늦추더라는 것이다.

친밀한 관계를 맺기 위해서는 다른 이들을 맞아들일 여백을 먼저 마련해야 한다. 그러나 어느 때부터인지 흉허물 없이 이웃을 맞아들이기도 했던 집은 지극히 사적인 공간으로 변했고, 모처럼 벗들을 만나도 설면하기* 이를 데 없다. 직접 대면보다 익숙한 것은 사회관계망 서비스를 통한 간접적 만남이다. 그 공간에서는 상대방의 글에 '좋아요' '힘내요' '슬퍼요' 등으로 공감을 표현할 수는 있지만, 그의 현실에 깊이 연루되지는 않는다. 삶의 의미는 다른 이들의 필요에 응답할 때 주어지는 선물이다.

아브라함 조슈아 헤셸은 우리가 "절망을 피하는 유일한 길은 자신이 목적이 되는 게 아니라 남에게 필요한 존재가 되는 것"이라고 말했다. 고통받는 타자들의 삶에 연루되기를 꺼리지 않을 때 우리 삶은 확장되는 동시에 상승한다. 상승이란 욕망 주변을 맴돌던 삶에서 벗어나 더 큰 존재의 지평 속에서 세상을 바라봄을 의미한다. 욕망이 삶의 중심이 되면 우리는 고립을 면하기 어렵다. 부푼 욕망에는 타자를 위한 자리가 없기 때문이다. 철학적 거리두기가 아닌 고립은 타자에 대한 편견과 적대감을 불러일으키게 마련이다. 낯선 이들과 만나고, 그들의 이야기에 귀를 기울이고, 서로의 필요에 응답할 때 자기 속으로 구부러진 마음은 비로소 바루어진다.*

종교는 주류 담론에 대한 대항 담론으로서의 역할을 할 때 건강하다. 소유의 풍부함이 행복을 위한 유일한 길인 것처럼 우리를 현혹하는 시대정신에 맞서 다른 삶이 가능하다는 사실을 일깨우지 않는다면 그 종교는 죽은 종교일 뿐이다. 이익 사회에서는 결코 만날 수 없었던 사람들이 만나 상호 이해를 도모하고, 함께 만들어갈 세상에 대한 비전을 공유하고, 고립을 넘어 연대의 아름다움을 경험할 때 삶이 든든해진다. 부조리와 허무에 대항할 힘이 생긴다.

함께함 넷

코로나19는
생태계의 균형을 무너뜨린
인간에 대한 자연의 역습이건만,
그 위기의 한복판에 있으면서도
성찰은 좀처럼 일어나지 않는다.
우주의 신비 안에서 우리 삶을 바라보는
통합적인 능력을 잃었기 때문이다.

이익이 모든 가치를 삼키는 사회는 위험하다.
지금 우리에게 절실한 것은
우리 삶을 조망하는 높은 관점이다.

참된 말이 그립다

말은 우리가 살고 있는 세상과 현실을 드러내기도 하지만 만들기도 한다. 히브리어 '다바르'는 '말'이라는 뜻과 '사건'이라는 뜻을 두루 내포한다. 말은 사건을 일으킨다. 사람은 말로 세상을 짓는다. 친절하고 따뜻한 말이 발화되는 순간 누군가의 가슴에 꽃이 핀다. 거칠고 냉혹한 말은 우리 내면에 얼음 세상을 만든다.

말을 하는 자리에 서는 것이 두려운 이유는 그 말

이 일으킬 사건을 예측하기 어렵기 때문이다. 농담처럼, 세상의 첫 사람이 만든 문장은 사랑의 고백이었다고 말하곤 한다. 신은 아담을 깊이 잠들게 한 후 그의 갈비뼈 하나를 뽑아 여자를 만든다. 잠에서 깨어난 아담은 자기 앞에 있는 낯설면서도 왠지 낯익은 존재를 보고 탄성을 내뱉는다. "이제야 나타났구나, 이 사람! 뼈도 나의 뼈, 살도 나의 살, 남자에게서 나왔으니 여자라고 부를 것이다." 이 표현은 나의 있음이 너의 있음과 무관하지 않다는 고백이다. 인간은 상호 공속된 존재이다. 언어는 사람과 사람 사이를 이어주는 이음줄이 되어야 한다.

그러나 말이 권력으로 변하면서 사정이 사뭇 달라졌다. 언어가 때로는 칼날이나 채찍처럼 사용되기도 한다. 독재자들은 홀로 말하는 사람이다. 그의 주변에 있는 이들에게 허용된 것은 그의 말을 받아쓰거나 앵무새처럼 반복하는 것뿐이다. 다른 말은 허용되지 않는다. 권력자의 눈치나 보는 정치인들의 말은 비루하다. 진실과 자유에 복무해야 할 말이 거짓과 분열과 혼돈을 빚는 일에 더 자주 사용되고 있다. 이런 현상은 정치권에만 한정되지 않는다. 우리 사회의 모든 부문에서 신뢰의 토대가 되어야 할 말들이 제

역할을 하지 못하고 있다.

문화인류학자 말리노프스키(Bronislaw Kasper Malinowski)는 원초적 차원에서 언어는 행동의 양식이지 사고를 표현하는 단순한 기호가 아니라고 말했다. 사람들은 발화된 말을 곧이곧대로 받아들이지 않는다. 그 말의 이면에 숨겨진 음습한 욕망이나 그가 속한 진영을 살피기에 여념이 없다. 많은 정치인들이 자기가 한 말에 책임을 지지 않는다. 여론이 악화되면 비판을 겸허히 받아들인다고 말하며 허리를 숙일 뿐이다. 언론은 그가 허리를 얼마나 깊이 숙였는지 허리 각도까지 언급하며 그의 유감 표명을 받아들일 것을 종용한다. 문제는 진정성이 느껴지지 않는다는 데 있다. 자기 자신을 반복하는 게 인간이다. 가장 깊이 숙인 허리가 오히려 그의 오만과 고집을 보여주기도 한다. 카메라가 꺼진 자리에서 마치 아무 일도 없었다는 듯 실떡거리며[*] 자기 길을 가는 이들이 얼마나 많은가.

논쟁이나 대화는 상대방과 함께 진실을 모색하는 과정이 되어야 한다. 지그문트 바우만(Zygmunt Bauman)은 《인간의 조건》(동녘)이라는 책에서 대화에 대해 이렇게 말한다. "대화는 타인에 대한 존중에서, 말할 가치가 있는 것을 타인이 갖고 있다는 확신에서 태어납니다. 대화는 타자의 관점, 타자의 의견과 주장이 들어설 자리가 우리 마음속에 마련되어 있다는 것을 보여주는 것입니다. 대화의 태도는 선험적인 유죄선고가 아니라 진심어린 수용입니다. 대화를 하려면 방어벽을 허물고 문을 열고 인간적인 친절함을 보여줄 수 있어야 합니다." 정치적 담론의 지평에서 이런 대화가 이루어진 적이 언제인지 기억조차 나지 않는다.

말이 문제다. 아니, 이 말은 그릇된 말이다. 사실 말이 무슨 문제겠는가? 말을 사용하는 사람이 문제지. 성경은 말에 "실수가 없는 사람은 온몸을 다스릴 수 있는 온전한 사람"(약 3:2)이라고 말한다. 신은 말씀으로 질서를 창조했지만 인간은 말로 혼돈을 창조한다.

말(馬)을 다루는 이들은 재갈을 물려 말을 길들인다. 능력 있는 사공은 거센 바람에 밀리는 배를 키로 조정하여 가려는 곳으로 몰고 간다. 혀는 아주 작은 지체에 불과하지만 아주 큰일을 할 수 있다. 그것은 긍정적일 수도 있고 부정적일 수도 있다. 작은 불이 큰 숲을 태우듯, 우리는 말로 세상을 위태롭게 만들곤 한다. 그래서 사도 야고보는 "혀는 걷잡을 수 없는 악이며, 죽음에 이르게 하는 독"(약 3:8)이라 했다. 사람과 사람 사이를 이어주는 말, 진실과 자유에 복무하는 말, 품격 있는 말, 숙의의 과정을 거친 참된 말이 그립다.

작은 산이 큰 산을 가렸네

“저보다 꼭 10년 위신데 10년 전보다 좋은 게 있다면 무엇인가요?” 사람들 사이의 갈등을 조정하는 역할을 하고 있는 후배가 물었다. 늘 긍정적이고 명석하게 일을 처리한다는 평판을 듣고 있는 그의 음성이 해질녘 서해 바다처럼 사뭇 쓸쓸하게 들렸다. “할 수 있는 게 많지 않다는 걸 알아차렸고, 열심히 일하면서도 결과에 따라 일희일비하지 않게 된 것이 10년 세월이 내게 준 선물 같아요.” 그는 사소한 차이 때문에 서로를 용납하지 못하고 분열에까지 이르는 세태를 탄식했다. 어제까지 동료였던 이들이 진영 논리에 따라 갈리면서 서로를 낯선 존재로 바라보는 현실이 아팠던 것이다.

통합을 지향해야 하는 정치와 종교가 오히려 사람들 사이에 경계선을 만들고 있다. 정치적 올바름에 대한 주장과 종교적 신념은 삶의 미세한 결을 무질러버리는 경우가 대부분이다. 자기 확신에 찬 사람일수록 견해가 다른 이들을 이해하고 포용하려 하지 않는다. 흑과 백, 선과 악, 옳음과 그름, 아름다움과 추함에 대한 이분법적 사고에 집착하는 이들은 그 사이에 있는 수많은 차이를 간과하곤 한다. 양극단 사이에서 서성이는 이들에게 설 땅은 허락되지 않는다.

서 있는 자리가 다르면 세상도 달리 보인다. "작은 산이 큰 산을 가렸네/ 멀고 가까움의 지세가 다른 탓이지." 정약용 선생의 시이다. 작은 산이 큰 산을 가릴 때가 많다. 작은 산 바로 앞에 서 있는 사람의 눈에는 큰 산이 들어오지 않는다. 자기가 보고 있는 것이 세상의 전부인 것처럼 생각하는 이들은 어리석다. 그들은 배우려 하지 않는다. 닫힌 마음이 지옥이다.

에밀리 에스파하니 스미스(Emily Esfahani Smith)의 TED 강연 '삶에는 행복보다 더 중요한 것이 있다'를 보았다. 그는 삶의 의미를 구성하는 네 개 기둥이 있다고 말한다. 첫째는 유대감이다. 서로의 가치를 인정하고 차이를 존중하고 받아들이는 사람들의 든든한 유대가 우리에게 살아갈 힘을 준다. 둘째는 목적에 대한 자각이다. 사람은 누군가에게 필요한 존재가 되려 할 때 삶이 든든해진다. 셋째는 초월성이다. 현실 너머를 볼 수 있는 능력이 있어야 한다는 말이다. 예술 작품을 감상하고 예배에 참여하고 글을 쓰는 행위는 바로 그런 능력을 우리에게 부여해준다. 넷째는 스토리텔링이다. 사람은 저마다 자기 삶의 저자이다. 어느 누구도 우리 이야기를 대신 써줄 수 없다. 가끔 이야기가 이상하게 흘러가기도 하지만 우리에게는 그 이야기를 수정하고 재구성할 수 있는 능력이 있다. 실패와 쓰라림, 부끄러웠던 기억을 넘어 새로운 삶을 시작할 수도 있다는 말이다. 그 경험들을 사회적 자산으로 만드는 이들도 있다. 바로 그것이 새로운 이야기를 쓰는 일이고 존재의 용기이다.

에밀리는 강연 말미에 자기 아버지 이야기를 들려

준다. 수피교도였던 아버지는 가족들과 명상하는 시간을 참 좋아했고 성실한 시민으로 살았다. 그런데 갑작스러운 심근경색으로 사경을 헤매게 되었다. 수술에 앞서 마취실에 들어간 그는 자기 아들과 딸의 이름을 반복해서 불렀다. 깨어나지 못하고 죽는다 해도 자기의 마지막 말은 사랑하는 이들의 이름이기를 바랐기 때문이다. 그는 정말 살고 싶어 했다. 자기의 돌봄을 필요로 하는 가족들이 있었기 때문이다. 이 이야기 속에는 에밀리가 말하는 삶의 네 기둥이 다 담겨 있다.

삶은 고통의 연속이다. 고통보다 더 견디기 어려운 것은 고립감, 버림받음에 대한 의식, 무의미성이다. 하지만 우리 삶이 누군가와 연결되어 있다고 느낄 때 삶은 견딜 만해진다. 옳음을 전유하려는 욕망은 연결을 끊는다. 적대감이 넘치는 세상에서 우정과 환대의 장소를 만드는 이들이 세상의 숨구멍이다. 이들은 눈에 보이진 않아도 작은 산 너머에 큰 산이 있음을 알아차린다.

함께함 다섯

우리는 불길이 지나간 자리에서
또 다른 숲이 시작되리라는 사실을 안다.
생명은 그처럼 장엄하다.
절망의 수렁에
속절없이 빨려 들어가는 이들에게 필요한 것은
선한 이들이 내미는 손이다.

추해보이는 세상의 이면에 가려진
아름다움을 보는 이들이 있다.
그들은 잿더미를 뚫고 솟아오르는 새싹에 주목한다.
그들은 절망의 자리에서 희망의 노래를 부른다.

한 사람 한 사람에 대한 사랑

러시아발 위기가 심각하다. 러시아는 우크라이나 동남지역을 합병하기 위한 주민 투표 결과, 압도적 지지를 받았다고 선언했다. 미국을 비롯한 서방 세계는 투표가 적법하게 진행되지 않았다며 합병 계획을 철회해야 한다고 말하지만 러시아는 귀를 기울이지 않는다. 그 지역에 대한 우크라이나의 공격이 있다면 자국에 대한 공격으로 간주해 필요하다면 핵무기도 사용할 수 있다고 으름장을 놓았다.

지역 전문가들은 그 말이 단순한 위협이 아닐 수도 있다고 우려한다. 러시아는 이미 예비군 동원령을 내렸고 전쟁에 나설 의사가 없는 이들은 징집을 피하기 위해 외국으로의 이주를 시작했다.

평화를 향한 인류의 꿈이 또 다시 위기에 처했다. 유사 이래 갈등과 분쟁이 없는 시기는 없었지만, 기후 재앙이라는 폭풍이 생태계 전체를 휩쓸고 있는 이 때 또 다른 폭풍이 커가고 있는 형국이다. 퍼펙트 스톰이 다가온다. 종교가 해야 할 일이 있다면 가리산지리산 지향을 잃고 방황하는 문명이 나아가야 할 방향을 가리키는 것이 아닐까? 그러나 현실은 그렇지 못하다.

러시아 정교회의 수장인 키릴 총대주교는 설교를 통해 러시아의 젊은이들에게 용맹하게 전쟁터로 가서 병역의 의무를 다하라면서, 병역 의무를 수행하다 죽는 것은 타인을 위한 희생이기에 천국에서 영광과 영생을 누린다고 했다. 조국을 위한 희생을 통해 자신들의 죄를 다 씻을 수 있다고도 말했다. 우크라이나 전쟁은 타락한 서방세계에 맞서는 러시아의 신성한 전쟁이고, 신성한 질서를 해치는 적들에 맞서 싸우는 것이야말로 신에 대한 사랑이라는 말이다.

이렇듯 러시아 정교회는 오히려 전쟁을 부추기고 있다. 권력 욕망에 사로잡힌 정치와 종교가 손을 잡을 때 세상은 위험해진다. 욕망에 신성의 광휘를 덧입히는 것은 모든 제국주의자들의 전략이 아니던가? 고대 로마제국의 첫 번째 황제인 옥타비아누스에게 원로원은 '위대한 자'라는 뜻의 '아우구스티누스'라는 호칭을 부여했다. 사람들은 그를 '지중해를 내해로 거느린 대제국을 지배하는 자'라는 뜻에서 '주'라고 불렀다. '위대한 자'에서 '주'로 격상되었을 때 로마제국은 또 다른 신화를 만들었다. 옥타비아누스의 어머니 아티아는 인간이지만 아버지는 태양신 아폴로라는 것이었다. 그래서 그는 '신의 아들'이라는 칭호까지 얻었다. 로마는 신의 국가가 된 셈이다. 권력자가 신성의 광휘를 입은 세계에서 개인의 존엄은 고려의 대상이 되지 못한다. 대의에 종속될 뿐이다. 인간 소외는 그렇게 발생한다.

도스토예프스키의 《까라마조프 씨네 형제들》에 나오는 조시마 장로는, 인류를 사랑한다고 말하면서 정작 가까이 있는 이들은 아끼지 않는 한 귀부인에게 어느 의사가 한 말을 들려준다. 그가 인류를 사랑하면 할수록 개별적 인간, 다시 말해서 한 사람 한 사람에 대한 사랑은 줄어들더라고 고백했다는 것이다. 관념으로는 인류를 위해 자기의 모든 것을 바칠 수 있을 것 같지만, 정작 가까이 있는 이들이 내게 불편함을 주거나 비위에 맞지 않으면 그를 증오하는 것이 인간이다. 도스토예프스키는, 개별적 인간을 증오하면 할수록 인류에 대한 보편적 사랑은 한층 불타오르게 되는 역설을 그들의 입을 빌어 전하려 했던 것이다. 진실한 사랑은 노동과 인내를 요구한다.

외부의 누군가를 적으로 삼고 그들을 제거하는 것이 신성한 의무라고 말하는 이들은 스스로 신이 되려는 욕망에 사로잡힌 이들이다. 자기 욕망을 가리기 위한 수단으로 신의 뜻을 운위하고 신이 자기편이라고 말하는 이들을 경계해야 한다. 그들은 확증편향에 사로잡혀 사람들을 위험으로 내몰면서 자기들은 안전한 자리에 머물곤 한다. 개별자에 대한 진실한 사랑이 없는 인류에 대한 보편적 사랑은 허구에 지나지 않는다. 어둠을 찢고 빛을 낳으려는 이들이 연대할 때 새로운 희망의 싹이 인정의 폐허 속에서 움터 나올 것이다.

아직 끝은 아니다

모든 생명은 탄생, 성장, 정체, 경직, 죽음의 과정을 거친다. 문명도 마찬가지다. 변화를 추동하는 역동성이 형식과 조화를 이룰 때 문명은 빛이 난다. 역동성이 형식을 압도할 때 혼란이 찾아오고, 형식이 역동성을 억누를 때 정체 상태가 발생한다. 종교가 권력에 맛들이고 부를 축적할 때, 권력 욕망이 권위를 압도할 때, 종교는 타락하게 마련이다. 하나의 소리가 압도적인 지배권을 행사할 때 다른 소리들은 잦아들고 세상은 경직된다. 권력은 위기에 빠질 때마다 폭력을 사용하라는 유혹에 즐겨 굴복한다. 종교적 진실의 핵심은 지배의 포기이지만, 지배에 맛들인 종교인들은 신자들을 수동적 객체로 전락시킴으로 그들의 영혼을 자기 의지에 복속시키려 한다.

마르틴 루터는 권력으로 변한 종교의 위험을 누구보다 예민하게 자각한 사람이다. 타락한 교회 현실을 그가 비판했을 때, 사람들은 그를 가리켜 '주님의 포도밭을 허무는 멧돼지'라고 비난했다. 종교의 기능 가운데 하나가 사회통합인데, 그가 분란을 일으켜 사회 통합을 오히려 깨뜨리고 있다는 것이었다. 그는 보름스에서 열린 제국 의회에 소환되었고 그곳에서 지금까지의 발언과 신학적 입장을 철회하라는 명령을 받았다. 거절할 경우 목숨을 부지하기 어려운 상황이었다. 며칠간의 말미를 달라고 청했던 그는 고심을 거듭한 끝에 마침내 의회 앞에 서서 자기 입장을 밝혔다.

"저의 양심은 하나님의 말씀에 사로잡혀 있습니다. 저는 아무것도 취소할 수 없고 하지도 않겠습니다. 왜냐하면 양심에 어긋난 행동을 한다는 것은 옳지 않을 뿐 아니라 안전하지도 않기 때문입니다. 여기 제가 확고부동하게 서

있습니다. 저는 달리 어찌할 도리가 없습니다. 하나님이여, 이 몸을 도우소서. 아멘."

이런 선언을 함으로써 루터는 생과 사의 경계에 서게 되었다. 불려 나온 역사의 무대에서 바장이다가 어느덧 벼랑 끝에 선 것이었다. 그는 자신도 오류를 범할 수 있는 인간에 불과하다는 사실을 잘 알았지만 진실 앞에서 등을 돌릴 수 없었다. 도종환 시인은 "삶의 무게"라는 시에서 "내가 들 수 있는 만큼의 무게가 있다"고 말한다. 의욕이 지나쳐 자기가 들 수 없는 무게를 들 수 있다고 과장해서도 안 되고, 자기가 들어야 하는 무게를 자꾸 줄여가기만 해도 안 되고, 자기가 들어야 할 무게를 남에게 떠맡기기만 해서도 안 된다는 것이다. 이것이 삶의 엄중함이다. 루터는 그 엄중함을 받아들였다.

롤런드 베인턴(Roland Herbert Bainton)은 미국에서 공산주의자를 색출하는 맥카시 선풍이 불던 시기에 《마르틴 루터》(생명의말씀사)라는 기념비적인 책을 썼다. 맥카시 선풍은 나는 옳고 너는 그르다는 근본주의적 신념을 바탕으로 하여 나타난 현상이다. 롤런드는 그 책에서 마르틴 루터의 두 가지 면이 자기 마음을 끌었다고 말한다. 하나는 루터가

이성과 양심의 이름으로 교회와 국가에 도전한 일이다. 다른 하나는 결단을 필요로 하는 순간에는 단호한 입장을 취하면서도, 경우에 따라 그 사안을 재검토함으로써 오류 가능성을 줄이려 했다는 것이다.

계몽된 정신의 특색은 자신이 인식과 행동에 있어 한계를 지닌 존재임을 인정하는 것이다. 머뭇거림은 약자의 특색이 아니라 무릇 진리를 탐구하려는 사람들의 기본적 태도가 되어야 한다. 조금의 회의도 허락하지 않는 절대적 확신은 위험하다. 자기 확신에 찬 사람들일수록 변화를 받아들이려 하지 않는다. 그들은 제동장치가 고장난 열차처럼 위험하다. 새로움이 틈입할 여지가 없을 때 생명은 성장을 멈춘다. 다름을 용납한다는 것이 곧 자기 정체성의 약화를 의미하는 것은 아니다. 낯섦은 더 커지라는 부름이다.

한국교회를 바라보는 시선들이 차갑기 이를 데 없다. 전래 이후 민족사의 문제에 적극적으로 응답하면서 성장해온 교회는, 지금 쇠락이라는 거대한 심연을 마주보고 있다. 하지만 아직 끝은 아니다. 심연을 뚫고 솟아오를 빛을 잉태하는 이들이 있기 때문이다. 그 빛은 생명과 평화와 사랑 그리고 겸손과 포용을 모태로 삼아 탄생한다.

부둥켜안음 혹은 얼싸안음

기다림을 촉발하는 것은 우리 내면에서 싹튼 그리움이다. 사람은 누구나 그리움을 품고 산다. 어쩌면 그리움이야말로 우리 삶을 밀어가는 힘이 아닐까? 아무것도 그리워하지 않을 때 삶은 권태롭다. 누군가를 혹은 무언가를 기다리는 사람은 기다림의 대상이 올 때까지 우두커니 그 자리에 서 있기만 해서는 안 된다. 귀한 손님을 맞이하기 전에 더럽고 어지럽혀진 집을 정돈하는 사람처럼, 기다림의 대상을 맞이할 준비를 해야 한다. 예수의 길을 예비했던 세례자 요한은 "모든 골짜기는 메우고, 모든 산과 언덕은 평평하게 하고, 굽은 것은 곧게 하고, 험한 길은 평탄하게"(눅 3:5) 하는 것을 자기 소명으로 이해했다. 아름다운 세상을 기대하는 이들은 그 세상을 선취하기 위해 노력한다.

인간 세상에는 눈물이 마를 날이 없다. 이태원 참사로 가족을 잃은 유족들의 숨죽인 울음소리가 우리 가슴을 울렸다. 그 울음소리는 국가 부재의 상황 가운데서 죽임 당한 이들의 신원을 요구한다. 평범한 행복을 꿈꾸는 이들이 더 이상 피눈물을 흘리지 않는 세상을 만들기 위해 노력해야 한다. 정부는 책임을 누군가에게 전가하거나, 아픔의 기억을 망각의 강물로 밀어넣으려 하면 안 된다. 책임자 처벌은 물론, 피해 가족들의 요구에 적극적으로 응답해야 한다.

호주의 북부에는 에어즈 록이라는 거대한 모래 바위가 있다. 약 6억 년 전에 생성되었는데 단일 바위로는 세계 최대 규모라 한다. 평원에 우뚝 서 있는 그 바위는 매우 신비롭게 보인다. 호주 원주민들은 그 바위를 '울룰루'라고 부르며 신성하게 여긴다. 울룰루는 '그늘이 지나간 장소'라는 뜻이다. 호주 교민인 수필가 남홍숙은 울룰루에 얽힌 이야기를 하다가 그늘 속에 사는 것이 무엇인지를 밝힌다. "그늘 속에는 슬픔, 아픔, 고픔이라는 세 결핍이 산다. 이 세 '픔'은 저마다의 품계를 지닌다. 슬픔이라는 축축한 물기, 아픔이라는 명료한 통각, 고픔이라는 허기진 느낌들. 그 사이에 헤아릴 수 없는 픔의 징후가 수많은 징검다리처럼 놓여 있다. 마치 검은빛과 흰빛 속에 존재하는 무수한 빛들의 슬픈 잔치같이."

지극한 슬픔, 아픔, 고픔을 맛본 이들은 그늘 속에 산다. 그 그늘은 뜨거운 햇볕을 가려주는 고마운 그늘이 아니라, 영혼을 우울의 심연으로 끌어들이는 음습한 그늘이다. 그런 그늘을 운명처럼 견디며 사는 이들에게 필요한 것은 그 그늘을 없애주려는 이들이 아니라, 말없이 그들 곁에 머물러주는 사람이다.

누군가를 염려하여 애태우는 것, 그것이 인간됨의 본질이다. 각자도생해야 하는 현실 속에서 허둥거리는 동안 우리는 무정한 사람이 되었다. 그래서 다른 이들의 고통에 예민하게 반응하지 못한다. 누군가와 연루되기를 꺼린다. 그렇기에 외로움은 더욱 깊어가고 그늘 또한 짙어간다.

지치고 마음이 스산해질 때마다 지거 쾨더(Sieger

Koeder) 신부의 〈기원과 완성〉이라는 제목의 그림 앞에 머문다. 화면의 한복판에 하얀 면사포를 쓴 여인을 두 팔로 꼭 부둥켜안고 있는 한 사람의 모습이 보인다. 굳이 그 인물이 누구인가를 따질 필요는 없다. 화가는 어쩌면 온 세상을 향한 신의 사랑을 그렇게 표현하고 싶었던 것인지도 모르겠다. 핵심은 사랑이다. 부둥켜안은 둘은 원의 형상을 이루고 있다. 너와 나를 가르는 경계선은 보이지 않는다. 상대방을 제압하려는 의지도 작동되지 않는다. 둘은 서로에게 스며들어 있다. 그 중심으로부터 화려한 꽃들이 지천으로 피어난다. 분할된 화면의 아래쪽에는 반원 형태의 지구가 보인다. 그곳 역시 다양한 색채들이 어울려 빛의 공간이 되고 있다. 지거 쾨더는 사랑이야말로 역사의 기원인 동시에 목표라고 말하고 있는 듯하다.

부둥켜안음 혹은 얼싸안음 속에서 새로운 현실이 태어난다. 슬픔, 아픔, 고픔의 자리에 선 이들을 부둥켜안는 것이야말로 새로운 세상을 잉태하는 일이다. 좋은 세상을 기다리는 이들은 먼저 누군가에게 좋은 사람이 되어야 한다.

함께함 여섯

정의가 이루어지지 않을 때
야만의 시대가 열린다.

예언자 예레미야는 바벨론에 의해 조국이 유린되고
수많은 이들이 바벨론으로 끌려가는 모습을 지켜보다가
문득 어디선가 들려오는 울음소리를 듣는다.
이스라엘 열두 지파의 어머니라 일컬어지는 라헬이
그 후손들의 참담한 현실을 바라보며
무덤 속에서 우는 소리였다.
라헬의 울음소리는 도처에서 들려온다.
조롱과 모욕을 당하면서도 물러서지 않는 이들,
망각에 저항하며 기억 투쟁을 벌이는 이들은
결코 지지 않는다.
흐릿해지는 기억을 되살리려는 이들이 있는 한
정의는 무너지지 않는다.

작은 빛이 되려는 노력

2부

폴란드 출신의 미국 작가 저지 코진스키(Jerzy Kosinsky)가 쓴《무지개빛 까마귀》(지혜의샘)는 제2차 세계대전의 참혹한 상황 속에 버려진 한 아이의 눈으로 보는 세상 이야기이다. 이 책은 사람이 얼마나 잔인하고 비겁하고 맹목적인지 보여준다. 작중 인물인 새 장수 레흐는 매우 상징적이다. 그는 욕구불만이 생길 때마다 자기가 팔고 있는 새들 중에서 가장 크고 힘이 센 놈을 골라내 온몸에 야생화보다 더 알

록달록한 색을 칠한다. 그런 다음 숲에 가서 그 새의 목을 가볍게 비틀면, 새는 숨이 막혀 삑삑 소리를 내지른다. 그 소리를 듣고 같은 종류의 새들이 몰려와 초조하게 날아다니면 레호는 그 새를 놓아준다. 자유를 누리게 된 새는 기쁨에 겨워 한 점의 무지개처럼 공중으로 날아오른다. 그 새를 맞이한 다른 잿빛 새들은 잠시 혼란을 느낀다. 알록달록하게 칠해진 새는 자기가 그들의 동료임을 알리려고 더 가까이 다가가지만, 새들은 의심의 눈초리를 보내다가 일시에 그 새를 공격해서 죽이고 만다.

레호는 어디에나 있다. 인종, 피부색, 사상, 정파, 종교의 차이를 빌미로 한 개인 혹은 집단을 악으로 규정하는 사람들이 바로 현실판 레흐이다. 그들은 타자를 이해하려고 노력하지 않는다. 이해는 관심사가 아니다. 타자는 자기 속에 있는 욕구불만을 폭력적으로 해소하기 위해서만 필요하다. 두려움 속에서 부유하는 자아에게, 힘 있는 이들과의 합일화를 통해 설 자리를 제공하려 한다. 그들은 타자들이 겪는 고통이나 아픔에 공감하지 못한다. 두려움과 혐오가 그들을 움직이게 하는 힘이다. 그들은 역동적으로 보이지만 사실은 편견이라는 감옥에 갇힌 가련한 사람일 뿐이다. 프랑스 혁명이 일어나기 전, 억압적이고 불평등한 사회 현실에 절망한 볼테르(Voltaire)는 "인간이라 불리는 티끌들 사이에 존재하는 이 모든 사소한 차이들이 증오와 박해의 구실이 되지 않도록 해주소서"라고 기도했다. 이 기도가 더욱 절실한 세상이다.

인터넷으로 연결된 세상은 시간과 공간의 제약으로부터 인간을 해방했다. 우리는 세계 곳곳에서 일어나는 사건을 실시간으로 목격하며 산다. 각종 사고와 자연 재해 그리고 테러와 전쟁에 희생당하는 사람들의 이야기를 목격하며 함께 아파한다. 가끔은 재해를 만난 이들을 돕기 위한 모금에도 참여한다. 하지만 정작 손닿을 만한 거리에 있는 이들의 고통에는 눈길을 주려 하지 않는다.

대현동 이슬람 사원 건립 반대 비대위가 '연말 큰 잔치'라는 명목으로 모스크 신축 공사가 진행되고 있는 현장 근처에서 돼지고기 바비큐를 했다는 보도를 보았다. 이슬람이 돼지고기를 금기시한다는 사실을 알기에 벌인 일일 것이다. 노골적인 상징 폭력이다. 그 지역민들이 우려하는 바가 무엇인지 어렴풋이 짐작할 뿐이지만 이런 혐오 조장은 누구에게도 도움이 되지 않는다. 이태원 참사 진상 규명과 책임자 처벌을 요구하며 결성된 시민대책회의를 보고 한 유력한 여당 정치인은 '참사 영업'이라고 조롱했다 한다. 희생자들을 향해 '나라를 구한 영웅이냐?'고 비아냥댄 시의원도 있다. 그들이 만들고 싶어 하는 세상이 무엇인지 도무지 알 수 없다.

2002년에 이탈리아의 작은 도시 아시시에서 다양한 종교 전통을 가진 사람들이 모여 세계 평화를 위한 회의를 열었다. 회의라고는 하지만 실은 세계 평화를 위한 기도 모임이었다. 그 모임의 결실은 '평화를 위한 아시시 십계명'으로 나타났다. 십계명의 전문은 인류가 파국을 향해 가고 있는 오늘의 현실 속에서 위기를 극복하기 위해서는 서로 용서하고 조화를 향한 발걸음을 옮겨야 한다고 말한다. 다섯 번째 계명은 간명하지만 매우 실용적인 요구를 담고 있다. "우리는 우리의 차이를 극복할 수 없는 장벽으로 간주하기를 거부하면서 솔직하고도 끈기 있게 대화에 임해야 한다. 다양한 타자들과의 만남은 더 깊은 상호 이해의 기회가 될 수 있다는 사실을 인정해야 한다."

성탄절은 어둠의 기운이 가장 왕성한 동지 무렵에 다가온다. 기독교인들은 어두운 세상을 밝히는 빛으로 오시는 분을 맞이하며 경축한다. 어둠에 유폐된 채 살고 있는 누군가에게 작은 빛이 되려는 노력 없이는 빛이신 분을 참으로 맞이할 수 없다. 적대와 갈등, 혐오와 조롱이 안개처럼 스멀스멀 우리 삶에 스며들고 있다. 사랑의 용기로 막아야 한다.

아낌만 한 것이 없다

거대 언어모델 인공지능인 챗지피티(ChatGPT)가 등장하면서 인지혁명이 멀지 않았다고들 말한다. 아직은 초기 단계이지만 챗지피티는 적절한 질문에 적절한 대답을 제공해준다. 논문의 얼개도 짜고, 설교문도 작성하고, 시도 그럴싸하게 쓰고, 소설의 플롯도 만든다. 머뭇거림이나 주저함과는 거리가 멀다. 사유를 위한 성찰적 거리는 설 자리가 없다. 편리한 도구임이 분명하지만 그만큼 위험도 크다.

거짓 정보와 합성 데이터가 섞여 들 수도 있기 때문이다. 게다가 이 도구는 인간 삶을 뒤흔드는 미묘한 지점을 보듬지 못한다.

우리는 가끔 삶의 터전이 흔들리는 경험을 한다. 굳건하다고 믿었던 터전이 흔들릴 때 그 믿음 위에 세웠던 우리의 가치 세계도 흔들린다. 지성이나 교양으로 통제할 수 없는 일이 불시에 닥쳐올 때 누구나 자기의 취약함에 놀란다. 이럴 때 말은 무기력하기 이를 데 없다. 옳은 말, 좋은 말이 상처가 되기도 한다. 가끔은 사태에 대한 해석의 욕구를 내려놓고 타자가 처한 고통의 깊이 속에 함께 머물러야 한다. 큰 슬픔이나 고통, 우울감은 말이 미치지 못하는 어둠의 세계이기 때문이다. 등을 토닥이는 동작 하나가 천 마디 말보다 많은 것을 전달할 때가 있다. 레비나스(Emmanuel Levinas)가 말하는 환대로서의 주체는 누군가를 아래에서 떠받쳐주는 사람을 가리킨다. 사람은 표정, 눈빛, 접촉을 통해서도 말을 한다. 그런 말들이 누군가에게는 설 땅이 된다. 인간의 인간됨은 누군가의 설 땅이 되려는 데서 발현된다.

알베르 카뮈는 "편도나무들"이라는 글에서 우리가 지닌 인간으로서의 책무는 사람들의 무한한 고통을 진정시

켜줄 몇 가지 공식들을 찾아내는 것이라며 이렇게 말한다. “우리는 찢어진 것을 다시 꿰매야 하고 이토록 명백하게 부당한 세계 속에서 정의가 상상 가능한 것이 되도록 해야 하며 이 세기의 불행에 중독된 민중에게 행복이 의미 있는 것이 되도록 해야 한다.” 그러기 위해서는 스스로 절망하지 말아야 한다. 어둠을 응시하는 이들의 눈빛은 어둠을 닮기 쉽다. 옳고 그름을 가려내기 위해 눈을 홉뜨다 보면 다른 이들 속에 있는 아름다움을 보지 못한다. 사람들 사이의 갈등을 조정해야 할 정치인들은 오히려 갈등 만들기에 여념이 없는 것 같다. 우리는 타자를 선의의 경쟁 상대가 아닌 제거해야 할 적으로 규정하는 이들이 만들어내는 디스토피아를 보고 있다. 타자를 부정하는 태도의 이면에는 자기 파괴의 열정이 있다.

노자는 “사람을 다스리고 하늘을 섬기는 데 아끼는 것처럼 좋은 것이 없다”(《도덕경》 59장)라고 말했다. 아낌은 그의 ‘있음’에 대한 존중인 동시에 그에게 뭔가를 배우려는 열린 태도다. 효율성의 신화에 사로잡힌 세상은 물건도 사람도 아끼지 않는다. 우리 사회에서 한 해 동안 산업재해로 유명을 달리하는 이들이 팔백 명이 넘는다고 한다. 재해 사고는 십만 건이 넘게 일어난다. 이런 일이 반복되지만 좀처럼 제도 개선이 이루어지지 않는다. 비용에 대한 계산이 생명의 문제보다 앞서기 때문이다. 용납해서는 안 되는 것을 용납할 때 인간의 존엄은 무너진다. 목표를 이루는 데 방해가 되는 이들을 배제하고 제거하는 일을 서슴지 않는다. 이것이 세계화 시대의 실상이다. 프리드먼(Thomas Friedman)은 세계화를 가리켜 '황금의 구속복'이라 했다. 누구도 대세를 거스를 수 없다는 말일 것이다. 그러나 '구속복'을 입고 행복할 수는 없다. 이런 논리에 사로잡힌 이들은, 버림받은 이들이 흘리는 눈물과 피가 삶의 자리를 척박하게 만든다는 사실을 고려하지 않는다. 생명을 아끼는 것이야말로 지속 가능한 삶의 보루이다.

골고루 가난하던 시절, 어른들은 단 한 톨의 쌀도 하수구로 흘려보내지 않았다. 밥을 다 푼 후 가마솥을 부신 물조차 함부로 버리지 않았다. 그것은 가축들 차지였다. 아낌은 인색함이나 궁상을 떠는 게 아니라 삶을 성화하는 일이다. 물건과 사람을 아끼는 것은 이 경박하고 폭력적인 세태를 향한 가장 강력한 저항이다.

라틴어로 종교를 뜻하는 렐리기오는
딱히 뭐라고 특정하기는 어렵지만
인간이 자기 삶과 행위에 대해 느끼는
꺼림칙한 느낌 혹은 주저함을 의미한다고 한다.
무한함 앞에서 자기가 얼마나 미소한 존재인지를 알아차릴 때
사람들은 경외심을 느낀다.

종교는 자기 욕망을 이루기 위해
신적 호의를 얻어내는 장치가 아니다.
비열함과 천박함이 욕망의 옷을 입고
거리를 횡행하고 있는 시대다.
타자의 복지에 대한 관심과 깊은 공감,
정의와 자비에 대한 헌신이야말로
우리가 놓치지 말아야 할 도덕성의 핵심이다.

책 속 우리말 사전

지싯지싯	남이 싫어하는지는 아랑곳하지 아니하고 제가 좋아하는 것만 자꾸 짓궂게 요구하는 모양.
우렁우렁	소리가 매우 크게 울리는 모양.
가뭇없다	보이던 것이 전혀 보이지 않아 찾을 곳이 감감하다. 눈에 띄지 않게 감쪽같다.
수수러지다	돛 따위가 바람에 부풀어 올라 둥글게 되다.
간종그리다	흐트러진 일이나 물건을 가닥가닥 가리고 골라서 가지런하게 하다.
바장이다	부질없이 짧은 거리를 오락가락 거닐다.
우련히	형태가 약간 나타나 보일 정도로 희미하게. 빛깔이 엷고 희미하게.
은결들다	상처가 내부에 생기다. 원통한 일로 남모르게 속이 상하다.
푼푼하다	모자람이 없이 넉넉하다. 옹졸하지 아니하고 시원스러우며 너그럽다.
서부렁하다	묶거나 쌓은 물건이 버쩍 다가붙지 않고 조금 느슨하거나 틈이 벌어져 있다.
안추르다	고통을 꾹 참고 억누르다. 분노를 눌러서 가라앉히다.
는적거리다	물체가 자꾸 힘없이 축 처지거나 물러지다.
숫되다	순진하고 어수룩하다.
검질기다	성질이나 행동이 몹시 끈덕지고 질기다.
서름하다	남과 가깝지 못하고 사이가 조금 서먹하다.
갈마들다	서로 번갈아들다.
으늑하다	푸근하게 감싸인 듯 편안하고 조용한 느낌이 있다.
푸접	남에게 인정이나 붙임성, 포용성 따위를 가지고 대함. 또는 그런 태도나 상대.
에돌다	곧바로 선뜻 나아가지 아니하고 멀리 피하여 돌다.
앙버티다	끝까지 대항하여 버티다.
숫접다	순박하고 진실하다.
듬쑥하다	분량이나 수효가 매우 넉넉하다.
생급스럽다	하는 일이나 행동 따위가 뜻밖이고 갑작스럽다.
찌지	특별히 기억할 만한 것을 표하기 위하여 글을 써서 붙이는 좁은 종이쪽.
후림불	정신 차릴 사이도 없이 급작스레 휩쓸리는 서슬.
버르적거리다	고통스러운 일이나 어려운 고비에서 벗어나려고 팔다리를 내저으며 큰 몸을 자꾸 움직이다.
이드거니	충분한 분량으로 만족스러운 모양.
그느르다	돌보고 보살펴 주다. 흠이나 잘못을 덮어 주다.
자발없다	행동이 가볍고 참을성이 없다.
설면하다	자주 만나지 못하여 낯이 좀 설다. 사이가 정답지 아니하다.
바루다	비뚤어지거나 구부러지지 않도록 바르게 하다.

| 출처 : 국립국어원 표준국어대사전